中外文稀有版本文献

《法兰西内战》

⑤

法兰西内战

【德】卡尔·马克思 ◎ 著
谢唯真 ◎ 校订

中央编译出版社
CCTP Central Compilation & Translation Press

《法兰西内战》的出版与传播①

（代序）

作为出生和成长于比较落后的德国的马克思，对于法国大革命以来的这段历史非常关注。著有《1848 至 1850 年的法兰西阶级斗争》《路易·波拿巴的雾月十八日》等重要著作，充分显示了他的历史唯物主义方法的科学性及其理论的力量和预见性。巴黎公社起因于普法战争，在写作《法兰西内战》之前，马克思还起草了国际工人协会总委员会关于普法战争的两篇宣言。因为这两篇宣言与后来写的《法兰西内战》关系密切，而且，马克思在写《法兰西内战》时也提到了第二篇宣言，所以，恩格斯 1891 年编辑《法兰西内战》单行本时收入了这两篇宣言。为此，恩格斯写道："在上面提到的这篇篇幅较大的著作前面，我加上了总委员会关于普法战争的两篇较短的宣言。首先，是因为《内战》提到了第二篇宣言，而第二篇宣言如果没有第一篇宣言作参照，是不能完全弄明白的。其次是因为这两篇同为马克思所写的宣言，也和《内战》一样，突出地显示了作者在《路易·波拿巴的雾月十八日》中已经初次表现出的惊人的才能，即在伟大历史事变还在我们眼前展开或者刚刚终结时，就能准确地把握住这些事变的性质、意义及其必然后果。"②

---

① 本内容主要参照和引用了《马克思恩格斯文集》第 3 卷中的题注资料和人民出版社 1976 年 1 月编印的《马克思恩格斯著作的发表和出版》一书，原著为前苏联学者列文所著，1948 年在苏联出版。

② 《马克思恩格斯文集》第 3 卷，北京：人民出版社 2009 年版，第 99 页。

一 《国际工人协会总委员会关于普法战争的第一篇宣言》的写作与早期传播

《国际工人协会总委员会关于普法战争的第一篇宣言》是马克思在1870年7月19—23日写成的。

1870年7月19日，即在拿破仑三世的政府狂妄地向普鲁士宣战的当天，总委员会委托马克思起草关于这次战争的宣言。宣言在7月23日的总委员会常委会上通过，在1870年7月26日的总委员会会议上被一致批准。宣言首先用英文刊登在伦敦1870年7月28日《派尔-麦尔新闻》第1702号上，几天以后以传单的形式印行了1000份。英国的许多地方报纸也全文或摘要转载了宣言。宣言曾送交《泰晤士报》编辑部，但该报拒绝发表。

鉴于宣言的第一版很快就脱销，1870年8月2日总委员会决定再增印1000份。同年9月，第一篇宣言又和总委员会关于普法战争的第二篇宣言一起用英文再版；马克思在这一版中更正了第一篇宣言在第一版中的几个印刷错误。

8月9日，总委员会成立了一个委员会，负责把第一篇宣言翻译成德文和法文并加以传播。参加这个委员会的有：马克思、荣克、赛拉叶和埃卡留斯。宣言由威·李卜克内西翻译成德文首次发表在1870年8月7日莱比锡《人民国家报》第63号上。马克思得到宣言的这个德译文之后，对译文作了彻底的加工，对全文的几乎一半重新进行了翻译。宣言的新的德译文刊登在1870年8月《先驱》杂志第8期上，同时还印成传单，随后，还发表在8月12日纽约《工人联合报》、8月13日苏黎世《哨兵报》第26号、8月13日维也纳《人民意志报》第26号以及8月21日奥格斯堡《无产者报》第56号上。1891年纪念巴黎公社20周年的时候，恩格斯在柏林《前进报》出版社出版的《法兰西内战》德文版上刊出了总委员会关于普法战争的第一篇宣言和第二篇宣言，这两篇宣言的译者是路易莎·考茨基夫人，恩格斯对译文进行了校订。

总委员会关于普法战争的第一篇宣言用法文发表在1870年8月日内瓦《平等报》第28号、1870年8月7日布鲁塞尔《国际报》第82号和1870年8月7日韦尔维耶《米拉波报》第55号上。宣言还由总委员会所设委员会译成法文印成传单。第一篇宣言于1870年8—9月首次用俄文发表在日内瓦出版的《人民事业》第6—7期上。

二 《国际工人协会总委员会关于普法战争的第二篇宣言》的写作与早期传播

《国际工人协会总委员会关于普法战争的第二篇宣言》是马克思在1870年9月6—9日写成的。

1870年9月6日，国际总委员会研究了由于第二帝国崩溃及普法战争进入一个新阶段而形成的新局势，决定就普法战争发表第二篇宣言。为此，成立了一个起草委员会，其成员有马克思、荣克、米尔纳和赛拉叶。

马克思起草这篇宣言时，利用了恩格斯寄给他的各种材料，这些材料揭露了普鲁士军阀、容克（地主）和资产阶级借口军事战略上的需要而并吞法国领土的野心。总委员会在1870年9月9日召开专门会议，一致通过了马克思起草的这一宣言。宣言被分送到伦敦各资产阶级报纸，这些报纸却采取沉默态度，只有《派尔-麦尔新闻》在1870年9月16日摘要刊登了宣言。9月11—13日宣言用英文以传单的形式印行1000份。9月底又出版了将第一篇和第二篇宣言印在一起的新版本。这一版改正了第一版的几个印刷错误，也对个别段落的文字作了修改。

第二篇宣言的德文本是由马克思翻译的，他在翻译时删去了个别段落，增加了几句专门针对德国工人说的话。第二篇宣言的这个译本发表在1870年10—11月《先驱》杂志第10—11期，1870年10月8日维也纳《人民意志报》第37号以及1870年10月1日苏黎世《哨兵报》第

33号上，同时还以传单的形式在日内瓦印行。1891年，恩格斯在《法兰西内战》的德文第三版中刊出了第二篇宣言，为该版翻译第二篇宣言的是路易莎·考茨基夫人，恩格斯对译文进行了校订。

第二篇宣言的法译文载于1870年10月23日《国际报》第93号和12月4日的第99号，1870年9月21日《波尔多论坛报》，并以节译的形式载于1870年10月4日《平等报》第35号。此外，这篇宣言还用弗拉芒文发表于1872年10月16日和24日安特卫普《工人报》第51号和52号。

三　《法兰西内战》的写作与早期传播

马克思和恩格斯始终热情地关心巴黎劳动者的斗争，高度赞扬巴黎工人的英雄气概和革命首创精神。他们在伦敦利用一切可能与巴黎公社取得联系，给予支持和帮助。马克思亲自给了巴黎公社许多宝贵的指示，并且给第一国际各支部发出了数百封信，号召各国工人援助巴黎公社。公社革命期间，国际总委员会先后举行了7次会议，专门讨论公社问题。马克思还与公社委员弗兰克尔·莱奥、瓦尔兰建立了通信联系。公社失败后，第一国际及其各国支部强烈抗议反动派镇压公社，谴责梯也尔政府的暴行，发动营救、支援和救济公社流亡者的活动。在5月28日凌晨巴黎公社最后的147名社员于拉雪兹神甫公墓东北角的墙下全部被反动军队屠杀的第三天，即5月30日，马克思就在第一国际总委员会会议上宣读了他的著名著作《法兰西内战》，全面论述了巴黎公社的丰功伟绩，总结了巴黎公社的经验和教训，揭露和痛斥了梯也尔反动政府官员们的丑恶嘴脸及其镇压公社的罪恶行径。

巴黎公社一宣布成立，马克思就开始细心搜集和研究所有关于公社活动的消息，如当时能够收集到的法国、英国、德国报刊的材料，巴黎来信提供的情况等。最初，马克思曾在1871年3月28日总委员会会议上提出发表一篇告巴黎工人的宣言，这项建议被一致通过，并委托马克思起草这个文件。马克思接受了这个委托，并准备起草这个文件。但是，巴黎的局势发生了变化，一是马克思已经观察到，巴黎这场武装反对鲁普士军队的民族战争正在演化为一场法国反动政府勾结普鲁士军队镇压巴黎公社的国内战争，形势究竟如何发展，还需要作进一步的观察。二是当时法国社会上有一种论调，认为巴黎无产阶级的革命行动是根据国际总委员会的指示进行的，巴黎公社直接领导了这次起义和建立公社的行动。在这样的情况下发表告巴黎工人书，可能时机不合适。

经过一段时间的观察与研究，马克思逐渐对巴黎公社的性质和巴黎工人阶级革命的历史意义有了清楚的认识。马克思在 4 月 12 日给库格曼的信中充分肯定了巴黎工人阶级打碎资产阶级国家机器的伟大创举。马克思这时一反过去曾经认为巴黎的行为是一件蠢事的说法，指出：巴黎工人的行动如果有什么不足的话，那就是对于敌人过于宽容，没有像第一巴黎公社时期一样及时地向凡尔赛进军，因为他们不愿发动国内战争。这两个错误是中央委员会过早地放弃了领导权，过早地把权力移交给了公社。4 月 17 日，马克思再次给库格曼写信指出：“工人阶级反对资本家阶级及其国家的斗争由于巴黎人的斗争而进入了一个新阶段。不管这件事情的直接结果怎样，具有世界历史意义的新起点毕竟是已经取得了。”这就是说，在巴黎公社正式成立的两周之后，马克思就已经准确地预见到了这场斗争的结局。所以他充分地肯定了巴黎人民的这次伟大的悲壮之举，特别是肯定了巴黎工人阶级打碎资产阶级国家机器的伟大尝试，认为单凭这一点，他们就将永载史册。在马克思看来，巴黎人民这种打碎资产阶级国家机器的举动是所有欧洲大陆国家工人阶级取得革命胜利的先决条件。

马克思这时候意识到，现在不是要发表一篇告巴黎工人的宣言，告诉巴黎工人如何行动和指导整个运动的进展，而是要向全世界工人阶级发出呼吁，呼吁全世界的工人阶级一起行动起来，同情和支持巴黎工人阶级的伟大壮举。于是马克思在1871年4月18日总委员会会议上，建议就法国“斗争的总趋向”发表一篇告国际全体会员的宣言。马克思的建议得到一致通过，总委员会继续委托马克思起草这一宣言。会后，马克思就开始了宣言的起草工作。

这里所谓宣言，指的就是马克思后来写成的《法兰西内战——国际工人协会总委员会宣言》。马克思写这个宣言用了两个多月的时间。如果从3月18日巴黎起义他开始建立笔记和摘录到5月30日马克思在国际大会上宣读这个宣言为止，他用去了70多天的时间。在这期间，他除了处理国际工人协会的日常事务之外，还要参加总委员会的各种会议，要同各地工人运动的领导人和其他友人进行联络，帮助他们开展工作。巴黎公社成立之后，马克思的工作更加忙碌，他同公社一些负责人保持联系，同来往于巴黎和伦敦之间的有关人员谈话，对公社的工作提意见和建议；他要组织撰写文章和稿件，对有关报刊和反对者对巴黎革命和国际工人协会的造谣、中伤和污蔑进行回击和反驳；他要组织各国工人集会声援巴黎公社。马克思在这期间写了几百封关于巴黎公社的信，寄给所有建立了国际组织的国家，通过这些信件，阐明巴黎公社的无产阶级性质和重大历史意义，呼吁他们给巴黎公社以积极的支持和帮助。所以说，《法兰西内战》几乎是在百忙之中抽空写出来的。恩格斯在5月9日的总委员会会议上向大家报告说：“公民马克思病得很重，宣言的起草工作使他的病更加恶化了。”这主要是他的支气管炎发作引起咳嗽，妨碍睡眠，同时他的慢性肝病也因为长时间休息不好而严重起来。从4月中旬到6月中旬，马克思断断续续病了两个月。他就是在这样的情况下完成了《法兰西内战》的写作。

从巴黎革命的第一天起，马克思就着手收集各种报刊，进行摘录，写在笔记本上。由于巴黎处于被封锁状态，得到巴黎的报刊比较困难，马克思主要是利用英国出版的英文和法文报刊如自由派报纸《每日新闻》《回声报》《观察报》，保守派报纸《每日电讯》《旗帜报》，以及半官方的《泰晤士报》、爱尔兰民族主义者办的《爱尔兰人报》和一个波拿巴主义报纸《形势报》。马克思还设法从法国弄到一些巴黎出版的法文报刊，如支持公社的《口令报》《号召报》《波尔多论坛报》《复仇者报》《先锋报》，以及资产阶级报纸《自由报》《费加罗报》《钟报》《小报》等。其他摘录的报纸还有《自由巴黎报》《人民呼声报》《公社报》《人民报》《社会报》《国民报》《形势报》《观察家报》等。马克思主要是通过这些报纸了解情况，掌握事件的进程和方向。马克思摘录这些报刊资料的笔记已经收入了《马克思恩格斯文库》俄文版第 3 卷。北京商务印书馆 1975 年编译出版了由吴惕安等译、陈叔平编的《马克思关于巴黎公社报刊消息摘录》一书。本书附录收入了其中的第一部分。

除了这些报刊资料以外，马克思还利用了巴黎的国际会员和其他友人来信中的资料，如列·弗兰克尔、路·欧·瓦尔兰、奥·赛拉叶、伊·鲁·托马诺夫斯卡娅、彼·拉甫洛夫、保尔·拉法格以及公社其他领导成员的信件和通过他们转交的信件中提供的资料①。

4 月 18 日后，马克思开始这项文献的起草工作，一直继续到 5 月底。他根据每天整理的材料，先写了《法兰西内战》的初稿和二稿。根据吴惕安研究员考证，“初稿大约是从 1871 年 4 月 18 日写起，到 5 月 9 日和 13 日之间完成。之后就写二稿，二稿大约于 5 月 23 日写成。最后的定稿是在 5 月 30 日之前写完的”②。1871 年 5 月 30 日，即巴黎最后一个街垒陷落的两天以后，总委员会一致批准了马克思宣读的《法兰西内战》的定稿文本。随后，马克思又对这一宣言的第四部分的某些段落作了补充和加工。

---

① 这里和以下的部分内容作者参阅和吸收了中央编译局已故同事吴惕安研究员的研究成果《马克思〈法兰西内战〉一书的写作与传播》，见《马列著作编译资料》第 9 辑。吴惕安研究员在文中提了更多更翔实的资料，可供进一步的研究者查阅。

② 中央编译局：《马列著作编译资料》第 9 辑，北京：人民出版社 1981 年版，第 139 页。

《法兰西内战》最初于 1871 年 6 月 13 日左右在伦敦用英文印成 35 页的小册子发表，印数 1000 份，当时没有署作者名字。小册子出版后产生了爆炸性的影响，引起了人们的广泛关注。只用了两天时间第一次印刷的书就销售一空。伦敦几家最大的报纸（《泰晤士报》等）都为这部著作发表社论，英国几乎所有的报纸都相继发表了评论，之后其他各国的报纸也都开始发表有关这部著作的评论文章。正如恩格斯所说："伦敦有史以来还没有一个出版物像国际总委员会宣言那样产生如此强烈的影响。"①

在巴黎公社受到资产阶级舆论疯狂攻击的情况下，马克思的《法兰西内战》成了当时唯一指出巴黎公社世界历史意义的著作。资产阶级舆论在攻击巴黎公社和《法兰西内战》的同时，也把攻击的矛头对准了马克思。马克思曾经写道："我目前荣幸地成了伦敦受诽谤最多的、受威胁最大的人。"② 恩格斯则通报说："整个伦敦都只是谈论我们。当然是一片狂叫。这样更好。"③ 马克思为伦敦的这种"极大的惊恐"而感到高兴。他写道："在度过了二十年单调的沼泽地的田园生活之后，这的确是很不错的。"④ 英国政府办的报纸《观察家报》威胁《法兰西内战》的作者，说要向法庭控告他侮辱镇压巴黎公社的梯也尔政府官员。为了不使总委员会受到打击，马克思在给伦敦一家报纸编辑部的信中宣称他是《法兰西内战》的作者，他愿意个人承担评论梯也尔、法夫尔等人的责任。他写道："对这帮恶棍我一点也不在乎！"⑤ ——他这样骄傲地回答了要向法庭控告他的威胁。⑥

1871 年 6 月 27 日马克思向总委员会报告说，第一版已销售一空，

---

① 见《马克思恩格斯著作的发表和出版》（内部资料），北京：人民出版社 1976 年版，第 51 页。

② 《马克思恩格斯全集》第 33 卷，北京：人民出版社 1956 年版，第 236 页。

③ 《马克思恩格斯全集》第 33 卷，北京：人民出版社 1956 年版，第 238 页。

④ 《马克思恩格斯全集》第 33 卷，北京：人民出版社 1956 年版，第 236 页。

⑤ 《马克思恩格斯全集》第 33 卷，北京：人民出版社 1956 年版，第 237 页。

⑥ 以上文字参考和引用了〔苏〕列·阿·列文凯瑟：《马克思恩格斯著作的发表和出版》，周维译，北京：生活·读书·新知三联书店 1976 年版一书。

并建议再印2000份。总委员会同意了马克思的建议，不久便出了英文第二版，印数2000份。与此同时《法兰西内战》还由爱·特鲁拉夫于1871年7月1日以传单的形式发行。马克思和恩格斯一起在第二版中改动了几处正文，更正了第一版的几个印刷错误，并增补了《附录》的第二部分。宣言的署名作了如下变动：去掉工联主义者本·鲁克拉夫特和乔·奥哲尔的名字（他们在资产阶级报刊上表示不同意宣言，并退出了总委员会），增添了总委员会新成员的名字。1871年7月25日马克思向总委员会通报说，第二版又已脱销。总委员会根据恩格斯的提议，于1871年8月初出了《法兰西内战》英文第三版，印数1000份，马克思在这一版中删去了前两版中个别不确切的地方。

1871—1872年，《法兰西内战》被译成法文、德文、俄文、意大利文、西班牙文、荷兰文、弗拉芒文、塞尔维亚-克罗地亚文、丹麦文以及波兰文，在欧洲各国和美国的期刊上发表，同时还出了单行本。

德译文是由恩格斯翻译的，1871年6—7月发表于《人民国家报》（6月28日，7月1、5、8、12、16、19、22、26和29日第52—61号），1871年8—10月在《先驱》杂志上摘要发表，此外，还在莱比锡出版了单行本。恩格斯在翻译时作了几处不大的改动。1876年，为了纪念巴黎公社5周年，出版了《法兰西内战》的新德文本，对文字作了一些订正。

《法兰西内战》的法译文于1871年7月6日至9月3日在布鲁塞尔的《国际报》上刊出，同年8月3日至10月21日在日内瓦的《平等报》上刊出。1872年在布鲁塞尔根据英文第三版翻译出版了法文版单行本，译文经马克思校订过，他曾作了大量修改，把某些段落重新译过。布鲁塞尔的法文版一共印了9000册。

1891年，为迎接巴黎公社20周年而准备出《法兰西内战》的德文第三版（纪念版）时，恩格斯重新校订了译文，并为该版写了导言。恩格斯把马克思写的国际工人协会总委员会关于普法战争的第一篇和第二篇宣言收进了这一版。此后在各种文字的单行本中，导言和两篇宣言也都与《法兰西内战》一起刊印。柏林《前进报》出版了这个纪念版。恩格斯在导言中对巴黎公社的历史意义和巴黎公社的经验再次进行了论述。恩格斯在这个单行本中同时也对巴黎公社的历史，其中包括参加公社的布朗基派和蒲鲁东派的活动，作了一系列补充。

四　马克思《法兰西内战》在中国的传播

陈独秀在《新青年》1922 年 7 月第 9 卷第 6 号上发表了《马克思学说》一文，在文章中对马克思的《法兰西内战》的部分内容进行了引译，同时引译的还有《共产党宣言》《哥达纲领批判》等。[①]《法兰西内战》第一个中文版本是在抗日战争时期由时任中宣部副部长的吴黎平和刘云（张闻天，又名洛甫）合译，延安解放社 1938 年 11 月出版。当时是在物质条件极为困难的情况下，以"马克思恩格斯丛书"第五种的形式出版。该书共收入了 6 篇文章，其中包括恩格斯 1891 年写的"引言"，马克思写的两篇国际工人协会总委员会关于普法战争的宣言和一篇国际工人协会总委员会关于法兰西内战的宣言，同时还收进了马克思 1871 年 4 月致库格曼论巴黎公社的两封信和列宁在《马克思致库格曼书信集》俄译本中论巴黎公社的文章。同年 11 月，该版本又由中国出版社作为"马克思恩格斯丛书"重印。重印时改为横排版式并将注释改为脚注，由新知书店发行。1939 年 2 月，重庆新华日报馆又把解放社的版本重印，在大后方广泛发行。同年 3 月，中国出版社再次重印了吴黎平和刘云译的这个版本。4 月 15 日，上海海潮社出版了由郭和翻译的另一个版本。海潮社于 1940 年 11 月又把这本书重新出版，书名改为《巴黎公社》[②]。

① 见中央编译局马恩室：《马克思恩格斯著作在中国的传播》，北京：人民出版社 1983 年版，第 263 页。

② 见中央编译局马恩室：《马克思恩格斯著作在中国的传播》，北京：人民出版社 1983 年版，第 315 页。

解放战争时期，《法兰西内战》在解放区和国统区都有流传。1946年5月，生活书店把该书作为“世界学术译丛”之一出版，同时在国统区的上海和重庆两地发行。在解放区，解放社重新出版了10年前的版本，1948年交由华北新华书店发行。1949年1月，中原新华书店也出版了这个版本。3月，东北生活书店把该书作为“马列文库之九”出版，由新中国书局（光华书店）发行。5月，华东新华书店出版印刷该书10000册。

人民出版社重新成立后，1954年11月根据1848年8月解放社的版本重印，出版了小32开本，印数3001册，在全国各地发行。1958年3月又重印了一次，印数增加到7500册。

1961年5月，中共中央编译局为了纪念巴黎公社90周年编译出版了《马克思恩格斯列宁斯大林论巴黎公社》，其中所收的《法兰西内战》有4篇文章是在莫斯科外国文书籍出版局出版的《马克思恩格斯文选》（两卷集）第1卷译文的基础上根据新出版的《马克思恩格斯全集》俄文二版第17卷，参照英文本和德文本加以修改，并在校改过程中个别地方参考了吴黎平、刘云的译文。书中还收进了由张芝联、张广达根据《马克思恩格斯文库》1934年第3卷的英文版译出的马克思写作《法兰西内战》一文时的两个草稿，即初稿和二稿。由新华书店向全国发行。人民出版社于1961年5月同时还根据《马克思恩格斯列宁斯大林论巴黎公社》中的译文，排印出版了《法兰西内战》大32开横排的单行本，是为北京初版。当年印行了5000册，1962年再次加印了10080册。

1963年11月，中共中央编译局根据俄文版编译的《马克思恩格斯全集》第17卷出版中收进了马克思写的关于普法战争的两个宣言和《法兰西内战》一文及其两个草稿。其中关于普法战争的两篇宣言和《法兰西内战》一文是在《马克思恩格斯文选》（两卷集）中文版的基础上，根据英文原文校订的；《法兰西内战》初稿、二稿也根据英文原文作了校订。1964年5月，人民出版社在《法兰西内战》单行本第4

次印刷时又作了改版，除了恩格斯的导言在1961年版的译文的基础上根据《马克思恩格斯全集》俄文第二版第22卷作了一次校订外，其他几篇的译文均按照《马克思恩格斯全集》中文版第17卷中的译文排印。中共中央编译局的这个版本在《法兰西内战》初稿和二稿前增加了“‘法兰西内战’草稿”作为其初稿和二稿的篇名，书中附注释169条。同年6月，人民出版社又根据这个版本出版了此书的16开大字本（共4册）。

1970年底，《法兰西内战》第二版第5次印刷时中央编译局又进行了修改，其中恩格斯的序言采用《马克思恩格斯全集》中文版第22卷（1965年5月出版发行）的译文。两篇关于普法战争的宣言、《法兰西内战》一文及其两个草稿都根据《马克思恩格斯文选》和《马克思恩格斯文库》的英文版编译。[①] 该年6月已经再版了该书的16开大字本。

1972年5月，中共中央编译局采用《马克思恩格斯全集》的译文编辑并由人民出版社出版的《马克思恩格斯选集》第2卷除对《法兰西内战》的初稿和二稿进行了摘录以外，其他各篇（包括恩格斯写的1891年单行本导言）都是全文收录，个别译文经过了重新修订。

1995年6月，中共中央编译局修订出版的《马克思恩格斯选集》第二版把马克思的《法兰西内战》编入了第3卷，篇幅与第一版一样，译文上作了个别修订。

2009年中央编译局编辑出版《马克思恩格斯文集》（10卷本），马克思的《法兰西内战》被编入第3卷，篇幅依然保持《马克思恩格斯选集》的内容，译文则依据有关文本作了变动。恩格斯写的1891年版导言根据《马克思恩格斯全集》德文版第22卷翻译；关于普法战争的两篇宣言则是根据《马克思恩格斯全集》英文版第22卷并参考《马克思恩格斯全集》德文版第17卷翻译；《法兰西内战》正文及其两个草

① 以上文字参照周文熙：《法兰西内战的写作及在中国的翻译和出版》，载《教学与研究》1981年第2期。

稿（摘录）则是根据《马克思恩格斯全集》历史考证版第1部分第22卷并参考《马克思恩格斯全集》德文版第17卷翻译。

2012年9月出版的《马克思恩格斯选集》第三版仍然将《法兰西内战》收入了第3卷，内容依据《马克思恩格斯文集》作了修改，这是《法兰西内战》最新的版本。

（本文来自2013年中央编译出版社出版的李惠斌所著《马克思〈法兰西内战〉研究读本》有关内容。）

目　录

恩格斯作的导言 1

国际工人协会总委员会关于普法战争的第一篇宣言 14

国际工人协会总委员会关于普法战争的第二篇宣言 19

国际工人协会总委员会关于一八七一年法兰西内战的宣言 27

（一） 27

（二） 37

（三） 44

（四） 59

附录 71

卡・馬克思著

法蘭西內戰[★]

恩格斯作的導言

建議要再版國際總委員會關於『法蘭西內戰』的宣言並要給它寫一篇導言，這對於我是一件出乎意料的事。所以我在這裏只能就最重要的幾點很簡略地談一下。

在上面提到的這篇較長的著作前面，我把總委員會就普法戰爭問題發表的兩篇較短的宣言都加進去了。第一，因爲在內戰中曾引證到第二次宣言，而這第二次宣言若不同第一次宣言參照，又不是到處都能明白的。其次，因爲這兩篇同爲馬克思所寫的宣言，也如內戰一樣，卓越地表明作者初次已在路易・波拿巴政變記裏顯示過了的偉大驚人的天才，即在偉大歷史事變還只在我們眼前展開或者剛剛終結時，就能將這些事變的性質、意義及其必然後果正確把握住。末了，因爲我們在德國至今還受累於這些事變由馬克思預言過的後果。

難道第一次宣言中的預言，即認爲假若德國反對路易・波拿巴的防禦戰爭蛻化爲反對法國人民的掠奪戰爭，德國就要重新並且更加厲害地遭受到它在所謂解放戰爭[1] 之後所遭受過的那一切不幸等語，不是已經證實了嗎？ 結果豈不是更有過整整二十年的

[1] 一八一三至一八一五年間反對拿破崙第一的戰爭。——編者註。

★ 本内容来自莫斯科外国文书籍出版局出版的《马克思恩格斯文选》一书。

俾斯麥統治，並非對蠱惑家實行取締，反而頒佈了非常法令和對社會主義者進行迫害，同樣施行警察式的專橫，簡直同樣令人憎惡地曲解法律嗎？

難道這樣一個預言，即認爲吞併亞爾薩斯—洛林區就會使法國投入俄國的懷抱中，認爲在這吞併之後，德國或是要公開變爲俄國的奴僕，或是在短暫的休息之後要準備開始新的戰爭，即開始『種族戰爭，即反對斯拉夫種族與拉丁語系種族聯合勢力的戰爭』等語，豈不是一字不差地證實了嗎？難道吞併法國省份一舉不是已使法國投入了俄國的懷抱嗎？難道俾斯麥不是在整整二十年內勞而無功地追求了沙皇的恩寵，甚至比小小普魯士尙未變成『歐洲第一強國』時平常所做的還要卑恭得多地侍候沙皇和在『神聖俄羅斯』膝前匍匐跪拜嗎？難道這樣一個戰爭——這個戰爭在開始的第一天就會把各國皇帝間所締結的一切紙上聯盟化爲灰燼；這個戰爭除了它的結局絕對不可知性可以斷定之外，其餘一切都不能確定；這個戰爭將是種族的戰爭，它將把整個歐洲交給一千五百萬或兩千萬武裝士兵去任意蹂躪；這個戰爭之所以還沒有發生，只是因爲甚至軍事強國中最強有力者也以這個戰爭的終極結果絕對不能預知而感到危懼——難道這樣一個戰爭的達摩克拉劍不是經常懸在我們頭上嗎？

所以，我們也就更加應該把這兩篇光輝證明一八七〇年國際工人政策有遠大預見力而大半已爲人們所忘却的文件，重新刊印出來供德國工人閱讀。

我關於這兩篇宣言所說的話，對於法蘭西內戰也是同樣適合的。五月二十八日，公社的最後一批戰士在柏爾微爾坂坡一帶對優勢力量敵人鬥爭中殉難犧牲，而過了兩天以後，即在五月三十日，馬克思就向總委員會宣讀了自己的著作，在這部著作中把巴黎公社的歷史意義用簡短而有力的幾筆描繪了出來，但是描繪得這樣準確，並且——而這是主要的——描繪得這樣眞實，以致後來所有關於這個問題的全部浩繁文獻都是望塵莫及的。

由於法國從一七八九年起的經濟發展與政治發展的結果，最近五十年來在巴黎發生的每次革命都不能不帶有無產階級的性質；這樣，無產階級每次用自己的鮮血換得勝利之後，總是提出自己的要求來。這些要求每次都依巴黎工人發展程度不同，多少模糊不明，甚至混亂不清；但是，所有這些要求歸根到底都是要把資本家和工人間的階級對立情況消滅下去。至於這一點如何才能實現，的確是誰也不知道。然而，這一要求，儘管很不明確，本身已包含有對於現存社會制度的一個威脅；提出這個要求的工人們常是尙擁有武裝的；因此，掌握了國家政柄的資產者認爲第一條金科玉律就是解除工人武裝。所以，在每次由工人們爭得的革命之後，就要發生新的鬥爭，其結果總是工人遭受失敗。

這種情形第一次發生於一八四八年。屬於國會反對派的自由主義資產者大張筵席，目的是要實現一種可能使他們的政黨獲得統治地位的選擧改良。對政府進行的鬥爭日益迫使他們去求助於民衆，於是他們不得不逐步把第一位讓給資產階級與小資產階級中的急進階層與共和階層。可是，在這些階層後面站着有革命的工人，他們從一八三〇年起已經得到了遠比那些資產者以至共和黨人所設想的爲多的政治獨立性。當政府和反對派間的關係發生了危機的時候，工人們就開始了街壘鬥爭；路易—菲力普消失了，選擧改良也跟他一同消失了；代之而起的是一個共和國，而勝利的工人們甚至把它宣佈爲『社會』共和國哩。至於這個社會共和國究竟是什麽意思，誰也不知道，就是工人們自己也不知道。但是，他們現在已擁有武裝，已成了國家裏的一股力量了。所以當政的資產階級共和派一感到了他們脚底的根基已經相當穩固的時候，他們認爲第一件事便是要解除工人的武裝。而這件事也就在一八四八年的六月起義時期做到了，這次起義是工人們被迫擧行的，因爲當局直接違背了它給予工人們的保證，公然嘲弄了工人，並且企圖把失業工人流放到僻遠的省區裏去。政府預先已保證了自己具有壓倒的優勢力量。工人們經過了五天英勇鬥爭之後，終於失敗了。接着就開始了對手無寸鐵的俘虜施行的血腥屠殺，其殘忍程度是從那招致了羅馬共和國覆亡的內戰以來所未曾見過的。資產階級第一次表明出：當無產階級敢於作爲一個具有自己利益和要求的單獨階級來反對它的時候，它會以如何瘋狂的殘暴手段來向無產階級報復。然而，和資產階級在一八七一年的暴行比較起來，一八四八年事件還只能算是一種兒戲哩。

懲罰接踵而來。如果說無產階級還不能管理法國，那末資產階級却是已經不能管理法國了。至少是在當時不能管理，因爲當時資產階級大部分還是保皇主義的，並且分裂爲三個皇朝政黨和一個共和黨。它的內部紛爭，使得冒險家路易·波拿巴能把一切命脈卽軍隊、警察和行政機關等盡行佔據，並且在一八五一年十二月二日把資產階級的最後堡壘卽國民議會也爆破掉了。這樣就開始了第二帝國，卽由一幫政治冒險家和財政冒險家剝削法國，同時工業又大大發展起來，這種發展在先前路易—菲力普那種狹隘而怯懦的制度下，在單祗由大資產階級中一小部分人獨佔統治的條件下，是完全不可能的。路易·波拿巴在一方面藉口說要保護資產階級反對工人，另一方面又藉口說要保護工人反對資產階級的名義下，奪去了資本家手中的政權；但它的統治同時又便利了投機事業與工業活動，簡言之，使整個資產階級的經濟繁榮與發財致富達到了前所未有的程度。尤其被它的統治所助長了的是貪污舞弊和普遍盜竊行爲，其中心便是皇帝宮庭，它從這種發財勾當中抽取巨額的利息。

但第二帝國又是號召崇尙法蘭西沙文主義，卽要求歸還一八一四年所失去的第一帝國的邊疆，或者至少是歸還第一共和國的邊疆。法蘭西帝國局限在舊時君主國的疆界內，甚至局限在一八一五年更被削小了的疆界內的情況，是不能長久維持下去的。由此就需要不時進行戰爭並擴大疆土。但是，無論向什麼地方擴張疆土，都不如靠佔領德屬萊茵河左岸地區那樣厲害地激起法蘭西沙文主義者的幻想。在這些沙文主義者看來，萊茵河上的一平方英里，要比阿爾卑斯山或其他任何地方的十平方英里更爲貴重得多。當第二帝國還存在的時候，要求歸還——一下子或是分次歸還——萊茵河左岸地區不過是時間問題罷了。這個時間也就隨着一八六六年的普奧戰爭而到來了。拿破崙在期待『領土報酬』時旣然受了俾斯麥的欺騙以及自己那種太狡猾而猶豫政策的欺騙，只有出於戰爭，而這個戰爭就於一八七〇年爆發了，結果是使他在塞當遭到了失敗，隨後又使他在威爾格姆斯凱[1]被囚了。

必然的後果就是一八七〇年九月四日的巴黎革命。帝國如像紙房子一樣倒塌下來；共和國又重新宣告成立了。但是敵人已站立在門前；帝國的軍隊一部分被圍困於麥次，沒有解圍的希望，一部分則在德國被俘。在這種危急關頭，人民讓前立法院中的巴黎議員們自己組成『國防政府』。這一點得到了欣然的同意，因爲此時一切能荷槍作戰的巴黎人民都爲防禦目的編入了國民衛軍，並且擁有武裝，因而工人此時在國民衛軍中佔有絕大的多數。但是過後不久，幾乎完全由資產者組成的政府與武裝的無產階級之間的對抗情況就暴露出來了。十月三十一日，有幾個工人武裝營攻下了市政廳，並且逮捕了一部分政府委員。可是，由於有人叛變，由於政府直接違背自己所許的諾言和幾個小資產階級武裝營實行干涉的結果，竟使被捕者得到了釋放；同時，爲了避免在受敵軍圍困的城裏爆發內戰，原有的政府仍被允許繼續執掌政柄。

最後，備受飢餓痛苦的巴黎在一八七一年元月二十八日投降了，但它是在戰爭史上空前光榮的條件下投降的。砲台交出了，城牆上的大砲卸下了，正規團隊和別動部隊交出了武器，被宣佈爲戰俘。但是，國民衛軍保存了自己所有的槍械和大砲，只是同勝利者訂立了停戰協定。勝利者本身不敢奏凱進入巴黎；他們只敢佔

[1] 九月二日法國軍隊在塞當被擊潰，連皇帝一起被俘。——編者註。

據了巴黎城的一個小小的角落，其中有一部分還是一片公園，並且這個角落也只被他們佔據幾天之久！在這幾天內，曾把巴黎圍困過一百三十一日之久的勝利者們自己處於受巴黎武裝工人包圍的境地，這些工人機警地注視着，不讓一個『普魯士人』越過讓給外國侵略者的那個角落的狹窄界限。巴黎的工人們竟使一支戰勝了帝國一切軍團的軍隊對他們表示這樣的尊敬。跑到這裏來向革命策源地進行報復的普魯士容克們，竟不得不正是在這個武裝的革命面前恭恭敬敬地停立下來，向它敬禮！

在戰爭時期，巴黎的工人只是要求堅决繼續進行鬥爭。可是現在，在巴黎表示投降後已經締結了和約的時候，新政府的首腦梯也爾却不得不確信到，當巴黎的工人手中還握有武器時，有產階級——大土地佔有者和資本家——的統治就不免時刻處於危險狀態中。他的第一件事情就是企圖解除工人的武裝。三月十八日，他派了常備軍隊去奪取國民衛軍那些在巴黎被圍時期由公衆捐款製造的大砲。這個企圖沒有成功；全巴黎一致奮起實行自衛，於是巴黎與盤踞在凡爾賽的法國政府之間的戰爭就開始了。三月二十六日，巴黎公社被選出，而在三月二十八日就正式宣告成立了。前此執掌政權並且已經頒佈法令把出醜的巴黎『道德警察』廢除了的國民衛軍中央委員會，將自己的全權交給了公社。三月三十日公社取消了募兵制和常備軍，宣佈由一切能荷槍作戰的公民所組成的國民衛軍爲唯一的武裝力量。公社廢除了從一八七〇年十月至一八七一年四月的一切房租賬單，規定把已經繳付的租金作爲預繳的房租，並且制止拍賣市立當舖裏所有一切典押的物件。同日又批准了所有選入公社的外國人爲公社委員，因爲『公社的旗幟是世界共和國的旗幟』。四月一日規定，公社任何一個公務人員——因而包括公社委員在內——所領的薪水，不得超過六千法郎（四千八百馬克）。次日頒佈了一項法令，宣佈教會與國家分離，取消國家對於宗教事務的一切開支，以及把一切教會財產轉爲國家財產；四月八日又據此而頒佈了一道命令，其內容是要把一切宗教象徵、神像、誡規與禱告等等——總之，『把有關於個人良心的一切』——從學校中革除出去；這道命令隨卽逐漸實行起來。四月五日，鑒於凡爾賽軍隊每天不斷槍斃被俘公社戰士，頒佈了拘禁人質的法令，可是這項法令始終沒有完全執行。四月六日，國民衛軍第一百三十七營拖出了斷頭機，並在全民狂歡下把它當衆燒毀了。四月十二日，公社決定毀掉樊多姆廣場上由拿破崙在一八〇九年戰爭後用奪獲的敵軍大砲鑄成的象徵着沙文主義和民族仇恨的凱旋柱。五月十六日，這項決議執行了。四月十六日，公社命令把工廠主所關閉的一切工廠進行登記，擬定把這些工廠的原有工人聯合成一些協作社來動用這些工廠的計劃，並擬定把這一切協作社聯合成一個巨大協會的計劃。四月二十日，公社廢止了麵包工人的夜工，取消了工作介紹所，這些工作介紹所自從第二帝國時起已成了警察局指派頭等勞工剝削者們獨佔的場所；此時這些機關都交歸巴黎二十個市區的市政局接管了。四月三十日，公社下令封閉借貸處，這些借貸處是專供私人利用來剝削工人並與工人獲取勞動工具和信用借款的權利相抵觸的。五月五日，公社決定拆毀專爲懺悔路易十六被處死刑一事建立的小教堂。

這樣，從三月十八日起，巴黎運動的純粹階級性質便很鮮明而堅決地表現出來了，而這種階級性質先前是被抵抗外敵侵犯的鬥爭所隱蔽了的。既然出席參加公社會議的幾乎盡是工人或已被公認的工人代表，所以公社所通過的決議也就顯然帶有純粹無產階級的性質。或者是在這些決議中宣佈實行作爲工人階級自由活動必要基礎的種種改革辦法，而共和派資產階級祇是由於卑鄙怯儒才不贊同這些辦法的。例如實行了認定宗教對國家說來僅僅是私人事情的原則。或者是公社頒佈了一些直接有利於工人階級而在某種程度內深深刺入了舊社會制度內腑的決議。但是在被圍困的城市內只能做出一個開端。從五月初起，全副力量都用到對凡爾賽政府數量日益增多的軍隊進行的鬥爭上去了。

四月七日，凡爾賽軍隊在巴黎西綫上奪去了納依近旁的塞納河渡口；但是，四月十一日，他們向南綫舉行的進攻却被艾德將軍所擊潰，並且受到了極大的損失。那些曾咒駡普軍砲擊巴黎是犯瀆聖罪的人們，此時自己已在不斷地砲擊巴黎了。這些人此時已在乞求普魯士政府，要它把在塞當和麥次被俘的法國兵士送來替他們奪取巴黎。由於這些軍隊的逐漸開到，就使凡爾賽的軍力在五月初的時候獲得了决定的優勢。這種情況在四月二十三日已表現得很明顯了，梯也爾在這一天停止了根據公社提議開始進行的談判，其內容是把扣留在巴黎作爲人質的巴黎主教及其他許多神父與當時被囚禁在克列爾沃的兩度當選爲公社委員的布朗基一人交換。這種情況在梯也爾改變說話口氣中表現得更加明顯：他先前說話是很愼重和很含糊的，現在忽然變得無禮、粗暴和威脅起來了。在南部戰綫上，凡爾賽軍隊在五月三日佔據了茅林薩葵多面堡，九日佔據了已用砲火完全轟平的依西砲台，十四日佔據了萬福砲台。在西部戰綫上，他們佔據了一直伸延到城牆跟前的許多鄉村和建築物，逐步推進到了主要的防綫近旁；五月二十一日，由於有人叛變以及駐防國民衞軍疏忽的結果，他們得以闖進了城內。握有北部和東部砲台的普魯士人，讓凡爾賽軍隊通過城市北部一個按照停戰協定條件禁止通行的地區，藉以在一條廣濶戰綫上實行進攻，這條戰綫是巴黎人根據停戰協定條件認爲有保證不受侵犯，因而防備較弱的。正因爲如此，所以在巴黎西部即最繁華的街坊裏進行的抵抗較爲薄弱；這種抵抗在侵入的敵軍愈是接近京城東半部即眞正工人區域時就愈益顯得激烈而頑強了。只有經過八天的鬥爭之後，最後的一批公社戰士才在柏爾微爾和米尼爾蒙當的高地上陣亡，於是延長到整個星期的愈益殘酷的對赤手空拳的男子、婦女和小孩的屠殺，就達到了最高點。用後膛槍殺人還嫌不夠迅速，於是便用速射砲去成百成千地屠殺被征服者。最後一次大屠殺是在俾爾•拉希斯墳場上的一堵牆垣近旁進行的，這堵『公社社員牆』至今還佇立在那裏，作爲一個啞口但却雄辯的證人，說明當無產階級敢於出來捍衛自己的權利時，統治階級的瘋狂暴戾能達到何種程度。後來，當已發覺不可能把一切人全部殺盡的時候，就開始了大批的逮捕，並從俘虜羣中任意抽出一些犧牲品拿來槍斃，其餘的人則被趕到大營房裏去，讓他們在那裏等待軍事法庭的審判。圍困巴黎東北部的普魯士軍隊奉有命令不讓一個逃亡者通過，但是軍官看見部下兵士們對他們自己的人道感比對上司命令更加表示服從時，却往往裝聾作啞，視若無覩。特別以人道行為著稱的是薩克森軍團，它把許多分明是公社戰士的人放走了。

* * *

如果我們在現今已經過了二十年的時候回顧一下一八七一年巴黎公社的活動與歷史意義，那我們就會發覺到，對於法蘭西內戰中的叙述還必須做一些補充。

公社委員分爲多數和少數兩派：多數派是由布朗基主義者構成，他們在國民衛軍中央委員會中也佔有統治地位；少數派是由國際工人協會會員構成，他們多半是蒲魯東社會主義學派的信徒。那時，絕大多數的布朗基主義者不過憑着革命的無產階級的本能才是社會主義者；其中只有很少一部分人才是通過熟悉德國科學社會主義的瓦伊揚而對於基本原則具有比較明顯的認識。由此就可知道，爲什麼公社在經濟方面疏忽了很多據我們現在看來是當時必須做到的事情。最令人難解的，自然是公社對法國銀行所表示的那種不敢干犯的敬畏心情。同時這也是一個非常嚴重的政治錯誤。其實，銀行掌握公社手中，這比扣留一萬個人質還要有更大的意義哩。這會迫使整個法國資產階級對凡爾賽政府施用壓力，要它來同公社議和。但是，更令人驚異的是，雖然公社是由布朗基主義者和蒲魯東主義者組成，但它的措施却往往是正確的。很明顯，對於公社在經濟方面的各種法令，無論是這些法令的優點或缺點，首先應由蒲魯東主義者負責；而對於公社在政治方面的行動和失策，則應由布朗基主義者負責。也如在政權落到信條主義者手中時常有的情形那樣，無論是蒲魯東主義者或布朗基主義者，都按照歷史的嘲弄，做出了適與他們學派的信條相反的事情。

蒲魯東是個小農和手工業者的社會主義者，他對於協社制簡直是切齒痛恨的。他說：協社制的壞處多於好處，協社制本質上無益有害，協社制是束縛工人自由的鎖鍊之一；協社制是空洞的信條，無用而繁重，不但違反工人的自由，而且也違反節省勞動的原則；協社制的缺點比優點發展得更快；與它相反，競爭、分工、私有財產則是有益的經濟因素。勞動協社只適用於特殊場合，而這種特殊場合——據蒲魯東說——就是大工業和大企業，例如鐵路。（參看革命的總觀念一書，第三篇）。

但是，在一八七一年，大工業甚至在手工藝品生產中心的巴黎，也遠不是什麼特殊場合了，所以公社最重要的法令上規定要以勞動協社爲基礎來組織大工業以至工場手工業，這種勞動協社不但要在每一個別工廠內建立，並且要結成一個巨大的協會。這種組織，正如馬克思在內戰中完全正確地指出，歸根到底必然要導至共產主義，即導至與蒲魯東學說正相反對的方面。正因爲如此，所以公社是蒲魯東社會主義學派的坟墓。現在這學派在法國工人中間已經絕跡了；目前這裏在「可能派」[1]中間，也像在「馬克思主義者」中間一樣，完全是由馬克思理論佔統治。只有在「急進的」資產階級中間還可以遇到有蒲魯東主義者。

布朗基主義者的遭遇，也並不比較好些。他們是按陰謀學派精神培養出來，是由這學派所要求的嚴格紀律團結起來，他們認爲少數堅決和組織嚴密的分子在順利的條件下不僅能夠奪得政權，而且能用極果斷堅決的措施來保持政權，直到能夠把人民吸引到革命方面來，並把他們團聚到少數領袖周圍。爲了達到這個目的，

[1] 可能派是十九世紀末法國工人運動中的機會主義流派。——編者註。

首先必須使全部政權最嚴格的專政式地集中在革命新政府手中。大多數正是由這些布朗基主義者構成的公社，在實際上做了些什麽呢？它在向法國各省居民發表的一切宣言中，號召他們將法國一切公社同巴黎聯合起來，組成一個自由的聯邦，一個第一次眞正由國民自己建立的國家組織。正是原有集中制政府的那種壓迫權力——軍隊、政治警察、官僚，即拿破崙在一七九八年所創立，而從那時起被每屆新政府當作合意工具接收並利用來反對自己敵人的權力，——正是這個權力，必須在法國到處傾覆，亦如它已在巴黎傾覆一樣。

公社自始就必得承認，工人階級得到統治時，不能繼續運用舊的國家機器來從事管理；工人階級爲要不致又喪失剛才爭得的統治，它就應當一方面剷除那至今用來反對工人階級的全部舊的壓迫機器，另一方面就應當保證有可能防範它自己的代表和官吏，而宣告他們全體毫無例外地都可以隨時撤換。以往國家的特徵是什麽呢？起初，社會用簡單分工辦法爲自己建立了一些特殊的機關來保護自己共同的利益。但是，經過了相當時期，這些機關——其中主要的是國家政權——爲了自己特殊的利益，已從社會的公僕變成了社會的主人。這種情形不但在例如世襲的君主國內可以看到，而且在民主的共和國內也可以看到。正是在美國那裏，『政治家』構成爲國民中的獨特的和富有權勢的部分的這種情形，比世界上任何其他一個地方都表現得更爲明顯。那裏，兩個輪流執政的大政黨中的每一政黨，都是由這樣一些人操縱的，這些人把政治變成一種收入豐厚的生意，拿合衆國國會和各州議會的議席來投機牟利，或是以替本黨煽動爲生，而在本黨勝利後取得相當職位作爲報酬。大家知道，美國人在最近三十年來是如何千方百計想要擺脫這種難堪的桎梏，可是儘管如此，他們還是愈來愈深地陷入到貪污腐化的泥沼中去。正是從美國的例子上可以最明顯地看出，起初本來只應替社會充當工具的國家政權怎樣愈益變成了離開社會而獨特化的東西。那裏沒有皇朝，沒有貴族，除了監視印第安人的一小羣士兵之外沒有常備軍，沒有那種擁有經常職位與領取年金權利的官僚。然而我們在那裏可以看到兩大幫政治投機家，他們輪流地掌握政權，用最骯髒的手段爲最卑鄙的目的來運用這個政權，而國民却無力對付這兩個大的政客集團，這些人表面上是替國民服務，實際上却是統治和剝削國民的。

爲了不讓國家及其各個機關由社會的公僕變爲社會的主人——這種現象在迄今所有一切國家中都是不可免的，——公社採用了兩種萬無一失的辦法。第一，它把所有行政，司法和國民教育方面的一切職位都委任那些按普選制選舉出來的人們充任，同時施行了可以按選民決議隨時撤銷被選舉者的法制。第二，它給予所有一切公務人員的薪水，不分職位高低，都與其他工人所領取的工資相等。公社一般付過的最高薪金是六千法郎。這樣就造成了防止那種鑽營祿位和升官發財主義的可靠隄防，何況公社此外還施行了各代表機關代表絕對委任制度。

這種炸毀舊國家政權並以眞正民主的新國家政權來代替它的情形，在法蘭西內戰第三章中已經詳盡地描述過了。但是，這裏再一次把這種代替的幾個特點簡略論述一下，原是必要的，因爲恰巧在德國，對於國家的迷信，已經由哲學方面轉到資產階級甚至很多工人的一般意識中去了。依照哲學家們的學說來看，國家是『觀念的實現』，或是譯成了哲學語句的塵世的神聖王國；國家是永恆眞理和正義所由以實現或應當由以實現的場所。而由此就產生了崇拜國家以及凡與國家有關的一切事物的迷信心理，這種迷信心理之所以很容易根深蒂固起來，是因爲人們從小就形成了一種習慣想法，似乎全社會公共事務和公共利益只能用舊有的方式即經過國家及其位高祿厚的官吏來處理和保護。人們以爲，假使他們不再去迷信世襲君主制度而主張民主共和制度，那他們就已是非常大胆地向前跨了一步。其實，國家無非是一個階級鎭壓另一個階級的機器，並且在民主共和制下也絲毫不弱於在君主制下。國家至多也不過是爭取階級統治獲得勝利的無產階級所承受下來的一個禍害；已獲勝利的無產階級也將如公社一樣，不得不立即斬去這個禍害最惡劣的方面，直到那在自由新社會條件下成長起來的一代人能夠把這全部國家制度的廢物完全拋棄的時候爲止。

近來，社會民主主義的庸人又是一聽到無產階級專政就嚇得大喊救命。諸君，你們想知道無產階級專政是什麼嗎？請看看巴黎公社吧。這就是無產階級專政。

於巴黎公社二十週年紀念日——一八九一年三月十八日——寫於倫敦。

弗•恩格斯爲卡•馬克思著法蘭西內戰一書一八九一年在柏林出版的單行本寫成。

按本書原版刊印。原本係德文。

國際工人協會總委員會關於普法戰爭的第一篇宣言

致國際工人協會歐洲和美國全體會員

在一八六四年十一月國際工人協會成立宣言中，我們已說過：「工人階級的解放既然要求工人們兄弟般的團結和合作，那末當存在有那爲追求罪惡目的而利用民族偏見並在掠奪戰爭中洒流人民鮮血和浪費人民財富的對外政策時，他們又怎麼能完成這個偉大任務呢？」我們當時用下面的話規定出國際所要致力求取的對外政策：「…使私人關係間應該遵照的那種簡單的道德和正義的法則，成爲國際關係上的至高無上的法則。」

路易•波拿巴利用法國內部階級鬥爭而篡奪了政權，並且用一系列對外戰爭來延長了自己的統治，無怪他一開始就把國際當作危險的敵人看待。在全民投票表決[1]的前夕，他在巴黎、里昂、盧昂、馬賽、布勒斯特，卽在法國全境，向國際工人協會各執行委員會的委員舉行進攻，藉口說國際是一個秘密團體並且在準備陰謀殺害他；這種荒誕無稽的揑造，不久就由他自己的法官們揭穿了。國際的法國各個支部的眞正罪過究竟何在呢？就在於它們曾公開和懇切地向法國人民說明：參加全民表決，就等於投票贊成對內專制和對外戰爭。的確，由於他們努力的結果，法國所有一切大城市中，所有一切工業中心中，工人階級都一致奮起反對了全民表決。不幸，工人們所表示的意志，竟因鄉村地區居民極端愚昧無知被壓倒下

---

[1] 全民表決是拿破崙第三於一八七〇年五月假意調查民衆對帝國所持態度而舉行的。依照當時問題的提法，假若對拿破崙第三的政策表示不贊同態度，就不免要反對一切民主改革。第一國際在法國的各支部揭露了這種蠱惑民心的手腕，並號召自己的會員們不要參加表決。——編者註。

30—1966

去了。全歐洲各國的交易所、政府、統治階級和報刊，都歡慶全民表决的成功，認爲這是法國皇帝對於法國工人階級的輝煌勝利；而實際上，全民表决不是要殺害某一個人，而是要殺害幾國人民的信號。

一八七〇年七月的軍事陰謀[1]，只是一八五一年十二月國家政變的修正版。初看起來，事情是如此的荒謬，以至法國不願意相信戰爭傳聞的眞實性。它寧肯相信那個認爲部長們的好戰言論實不過是交易所把戲的議員。當在七月十五日那天終於正式向立法院宣佈了關於戰爭的消息時，全部反對派一致拒絕批准初步用費；甚至梯也爾也申斥說戰爭是一種『可惡的』事情，巴黎所有一切獨立的報紙都斥責了這個戰爭，並且——說也奇怪——外省的報紙也差不多盡是對它們這種態度表示贊同的。

這時，國際的巴黎會員又着手工作起來了。在七月十二日的覺醒報[2]上，他們公佈了『告全世界各民族的工人們』的宣言，現在我們從這個宣言中引錄如下幾段：

『在歐洲均勢與保護民族尊嚴的藉口下，政治的虛榮心又威脅着普遍和平了。法國、德國、西班牙的工人們！讓我們把我們的呼聲聯合成爲共同反對戰爭的怒吼吧！..爲爭奪霸權而起的戰爭，或爲維護某一皇朝利益而起的戰爭，在工人看來只能是犯罪的胡行。我們是渴望和平、工作和自由的，我們堅决反對那些能免除『血稅』並利用社會災難來進行新的投機事業者黷武的號召！..德國的弟兄們！我們相互仇視只會使專制政權在萊茵河兩岸都獲得完全勝利…全世界的工人們！不論我們共同的努力在目前產生的結果怎樣，我們這些不分國界的國際工人協會會員，總是代表法國工人向你們致以衷心的祝賀和敬禮，作爲我們密切團結的保證。』

當我們在巴黎的支部發表這個宣言之後，接着法國各地也發出

[1] 一八七〇年七月十九日開始了普法戰爭。——編者註。

[2] 覺醒報（«Réveil»）是左翼共和派的報紙，由德列克留兹創辦，一八六八年至一八七一年一月在巴黎出版。——編者註。

了許多類似的宣言。我們在這裏只能引用一個由塞納河畔納衣支部發出的宣言，它公佈在七月二十二日的馬賽報[1]上，其中說：『這次戰爭是正義的嗎？不！這次戰爭是民族的嗎？不！這完全是皇朝的戰爭。爲了正義，爲了民主，爲了法國的眞正利益，我們完全和堅決贊同國際對於戰爭的抗議。』

這些抗議表示出了法國工人們的眞正的情感，不久之後就有一次有趣的事件很明顯地證明了這點。當時，把在路易•波拿巴任總統時初次成立的『十二月十日會』[2]匪幫，改穿了工人服裝，放到大街上去用印第安人的戰爭舞來煽起戰爭熱狂，市郊的眞正工人們立刻就以極盛大的和平示威來回答了他們，竟使警長彼也特里不得不立即下令完全禁止今後在街上舉行任何示威遊行，藉口是說忠誠的巴黎人民已充分表明了自己懷抱已久的愛國情感，已經發洩了自己無窮盡的戰爭熱情。

無論路易•波拿巴同普魯士的戰爭如何結束，第二帝國的喪鐘已經在巴黎敲響了。第二帝國的結局，也會像它的開端一樣，不過是一場可憐的模仿劇。但是不應忘記，正是歐洲各國政府和統治階級讓路易•波拿巴在十八年內表演了復辟帝國的殘酷滑稽劇。

在德國方面，這次戰爭是防禦性的戰爭。但是，究竟是誰把德國弄到必須實行防禦的地位的呢？究竟是誰使路易•波拿巴有可能對德國開戰的呢？正是普魯士呵！正是俾斯麥曾和這個路易•波拿巴暗中勾結，以期摧毀普魯士內部的民主反對派，並確保霍亨索倫皇朝在德國的統治。如果薩多瓦之役[3]不是打勝而是打敗了，那末法國軍隊就會以普魯士盟友資格充斥於德國全境。普魯士在得勝之

[1] 馬賽報（«Marseillaise»）是左翼共和黨人的報紙，一八六九年十二月至一八七〇年九月九日在巴黎出版，主筆爲安利•羅什福爾。——編者註。

[2] 參看本卷第二七一至二七三頁。——編者註。

[3] 薩多瓦（波希米亞）之役是一八六六年普奧戰爭中一次決定性的戰役，普奧戰爭由普魯士戰勝奧地利而結束。——編者註。

30*

後，難道曾有一分鐘想過要以一個自由的德國去和一個被奴役的法國相對抗嗎？恰恰相反！ 它細心保存了自己舊制度固有的一切妙處，並且還仿效了第二帝國的一切奸猾伎倆：仿效了它的實際的專制主義和虛僞的民主精神，仿效了它的政治欺騙把戲和財政欺詐手腕，仿效了它的漂亮的言詞和最下流的詐騙行爲。這樣，以前只是在萊茵河的一岸盛行的波拿巴制度，現在在它的另一岸上也同樣盛行起來了。在這種情形下，除了戰爭之外，還能期待着什麽呢？

如果德國工人階級竟容許這一戰爭失去自己的純粹防禦性質而蛻化爲反對法國人民的戰爭，那末無論勝利或失敗，都是同樣要產生危害影響的。德國在所謂解放戰爭後遭到了的那一切不幸，又將更加殘酷地壓到它頭上來。

然而，國際的原則在德國工人階級中間獲得了很廣泛的傳播，紮下了很深的根，使我們不必顧慮發生這樣悲慘結局的危險。法國工人的呼聲已在德國得到了反響。七月十六日在不倫瑞克舉行的廣大工人羣衆大會，曾宣佈說完全贊同巴黎宣言，堅決排斥了任何對法國持民族仇恨態度的思想，並且通過了决議，其中說道：『我們反對一切戰爭，特別是反對皇朝戰爭…我們自己被迫參加這次作爲不可免的惡事的防禦戰爭，因而深深感到悲痛，但同時我們號召德國全體工人階級設法防止這種深重社會災難的重演，力求使各國人民都有權力來自己决定戰爭與和平問題，因而使各國人民成爲本身命運的主人。』

在黑姆尼茨城內，代表着五萬薩克森工人的代表大會上一致通過了如下的决議：『我們以德國一般民主派名義，特別是以參加社會民主黨的工人名義，特宣佈目前這次戰爭完全是皇朝的戰爭…我們很高興地握住法國工人們伸給我們的兄弟的手…我們謹記着國際工人協會號召『全世界無產者，聯合起來！』的口號，永遠也不會忘記全世界各國的工人都是我們的朋友，而全世界各國的專制君主都是我們的敵人。』

國際的柏林支部也回答了巴黎宣言，說：『我們全心全意地擁護你們的抗議…我們莊嚴地宣誓：無論是軍號的召喚或大砲的轟鳴，無論是勝利或失敗，都不能使我們離開我們全世界工人團結的共同事業。』

唯願如此！

在這個自殺性的鬥爭背景上，顯現出俄國的一副兇相。不祥的徵兆，就是現今這次戰爭的信號恰巧是在俄國政府已結束了對它具有重要戰略意義的鉄道綫建築工程，並且已向普盧特河方面集中了軍隊的時候發出的。雖然德國人民在進行反對波拿巴侵犯的防禦戰爭時完全值得同情，但是只要他們容許普魯士政府請求哥薩克援助或只是接受這種幫助，他們便立刻會失去這種同情的。他們應該回想到，德國在它進行了反對拿破崙第一的解放戰爭之後，曾有整整數十年之久是匍匐跪倒在沙皇脚下的。

英國工人階級向法國工人和德國工人伸出了友誼的手。他們深信，不管當前的可惡的戰爭怎樣結束，全世界工人的聯合終究會根絕一切戰爭。官場的法國與官場的德國彼此進行同室操戈的鬥爭，而法國的工人和德國的工人却互通和平與友愛的音訊。單是這一件史無先例的偉大事實，就展示出可望有比較光明未來的前途。這個事實表明，與那個經濟貧困和政治昏瞶的舊社會相對立，正在誕生一個新社會，而這個新社會的國際原則將是**和平**，因為每一個民族都將是同樣由**勞動**統治的！

這個新社會的先聲就是國際工人協會。

一八七〇年七月二十三日，倫敦

由卡•馬克思起草並於一八七〇年七月二十三日由國際工人協會總委員會會議批准。當時就用英文、德文和法文印成傳單發行。

按照傳單本文刊印。原本係英文。

國際工人協會總委員會關於普法戰爭的第二篇宣言

致國際工人協會歐洲和美國全體會員

在我們七月二十三日發表的第一篇宣言中，我們已說過：「第二帝國的喪鐘已經在巴黎敲響了。第二帝國的結局，也會像它的開端一樣，不過是一場可憐的模仿劇。但是不應忘記，正是歐洲各國政府和統治階級讓路易·波拿巴在十八年內表演了復辟帝國的殘酷滑稽劇。」

這樣，在軍事行動尚未開始以前，我們已把波拿巴主義的肥皂泡看作是過去的事情了。

我們關於第二帝國生命力的想法是沒有錯的。同樣，我們担心在德國方面「戰爭失去自己的純粹防禦性質而蛻化為反對法國人民的戰爭」，也是沒有弄錯的。防禦的戰爭確實是以路易·波拿巴投降、塞當失陷和巴黎宣佈成立共和國而終結了。但是還在這些事件尚未發生以前很久的時候，當路易·波拿巴軍國主義制度的完全腐敗性暴露出來了的時候，普魯士掌權的武人奸黨已決定把戰爭變為掠奪戰爭了。固然，當時在這方面有着一個相當麻煩的障礙，即國王威廉自己在戰爭開始時發表的聲明。威廉在對北德意志聯邦議會所發表的御前演說中，曾莊嚴地聲明說，他進行戰爭是反對法國皇帝，不是反對法國人民。八月十一日，他發佈了告法國國民書，其中說道：「由於拿破崙皇帝在海上和陸上向以前願意和現在仍然願意同法國人民和平相處的德國民族發動了進攻，我才負起了指揮德國軍隊的責任，以求打退這種進攻，而戰爭事變的進程使我不免要越過法國的國界。」威廉不祇是聲明說他負起指揮德國軍隊的責任是『爲了打退進攻』，並且還爲證實戰爭帶有純係防禦性質而補充說，只是戰爭事變的進程才使他不免越過了法國的國界。自然，防禦的戰爭並不排斥『戰爭事變的進程』所要求採取的攻勢行動的。

由此可見，這個虔誠的皇帝曾向法國和全世界莊嚴保證他所進行的是純係防禦性質的戰爭。怎樣才使他能擺脫這一莊嚴保證的約束呢？導演這齣滑稽劇的人們便設法把事情弄成這樣，彷彿威廉是心不由主地順從了德國人民堅决的要求；爲此他們就立刻給了德國自由資產階級連同它那班教授和資本家、議員和新聞記者們一個信號。這個自由資產階級在一八四六年至一八七〇年間爲爭取公民自由的鬥爭中表現過空前猶豫、軟弱和怯懦，現在它看到要在歐洲舞台上扮演德國愛國主義猛獅的角色，當然是歡欣若狂。它戴上了公民獨立精神的假面具，裝出它彷彿在逼使普魯士政府執行——執行什麼？——這個政府自己的秘密計劃。它懺悔自己不該那樣長久和近乎虔敬地相信路易·波拿巴毫無罪過，因此它高聲地要求把法蘭西共和國分成碎塊。讓我們略微談一談這些愛國主義的武士們所運用的漂亮論據吧。

他們不敢武斷說亞爾薩斯—洛林區居民渴望投到德國懷抱中去。恰恰相反。爲了要懲罰斯特拉斯堡對於法國的愛國情感，人們用『德國的』開花彈向該城胡亂和野蠻地——因爲關係軍事重要的不是城市本身，只是那個獨立位置在城外高處的砦堡——濫轟了六天之久，縱火焚燬了城市，殺害了許多赤手空拳的居民！當然嘛！ 這些省區的領土先前有個時候曾經隸屬於早已壽終正寢的德意志帝國。因此，這塊領土連同它所有的居民，應該當作德人固有財產來加以沒收。如果眞要依照古玩愛好家的遐想來勉強恢復舊日歐洲地圖的話，那就千萬不要忘記，先前勃蘭登堡的選侯曾以普魯士領主資格做過波蘭共和國臣民哩。

但是，機巧成性的愛國分子要求亞爾薩斯領土以及洛林區內那一部分居民講德國語言的領土，認爲這是防止法國進攻的『物質保證」。因爲這種可惡的藉口會把許多愚鈍人們弄得糊里糊塗，我們認爲有責任來比較詳細地談談這點。

亞爾薩斯與其萊茵河對岸區的一般地勢，加上有斯特拉斯堡這樣一個大要塞恰巧是幾乎位置在巴塞爾通格梅斯海姆的半路上，——這種地勢無疑是使法國侵入德國南部感到方便，而使從德國南部侵入法國感到相當的困難。同樣毫無疑義，亞爾薩斯和一部分洛林地區併入德國，會大大加強德國南部的邊防，那時德國南部將能夠控制全部佛日山脈，佔取屏障北面關隘的堡壘。如果麥次也被併入，那末法國立刻就會失去反對德國的兩個主要軍事據點，但是這並不能阻止它在南錫和凡爾登建立新的據點。德國擁有科不倫茨、馬茵茨、格梅斯海姆、拉斯塔特與烏爾姆等專門對付法國的軍事據點。德國在上次戰爭中曾有效地利用了這些軍事據點。難道德國還有絲毫權利來嫉妒在這方面只有兩個重要堡壘即麥次與斯特拉斯堡的法國嗎？　此外，斯特拉斯堡只有在德國南部還是與德國北部分離的時候，才能使德國南部受到威脅。從一七九二年到一七九五年，德國南部一次也沒有從這方面受到侵犯，因爲普魯士參加過反對法國革命的戰爭；但是，當普魯士於一七九五年締結了單獨和約而把南方置之不顧的時候，德國南部就開始受到一直繼續到一八〇九年的侵犯，並且這種侵犯正是以斯特拉斯堡爲作戰基地的。實際上，統一的德國，如果像在這一次戰爭中所做的那樣把它的一切軍隊集中在薩爾路易與蘭稻之間，並從那裏向前推進，或是在從馬茵茨到麥次的路上實行應戰，那末它任何時候都能破除斯特拉斯堡以及駐在亞爾薩斯區的任何法國軍隊的危害作用。只要德國的主力軍駐紮在那裏，那末從斯特拉斯堡向德國南部進犯的任何法國軍隊，都有被包圍而與根據地隔絕的危險。如果最近這次戰役有所證明的話，那末所證明的正是從德國向法國進攻較爲容易。

但是，老實說，把軍事觀點當成決定國界的原則，豈不是根本荒唐無稽和顛倒時代次序嗎？　如果遵循這條規則行事，那末奧地利就還可以企圖取得威尼斯，可以企圖取得明橋奧河一帶；而法國爲了保護巴黎就可以企圖取得萊茵河一帶，因爲巴黎可能從東北受到進攻的危險，無疑要比柏林可能從西南受到進攻的危險更大得多。如果國界應由軍事利益來決定，那末這種企圖就會毫無止境，因爲任何一條戰綫都必然有其缺點，可能用兼併隣近新地區的辦法加以改進；並且這種疆界永遠也無法最終和公允地劃定，因爲每一次總是由勝利者強迫失敗者接受自己的條件，從而播下新戰爭的種子。

全部歷史都教導我們領會這點。有時候，整個民族所處的境況，也好像個別人所處的境況一樣。爲要使他們沒有進攻的可能，就必須剝奪他們所有的一切防禦手段。不但要勒住他們的喉嚨，而且要致他們於死地。如果說從前曾經有過一個勝利者求取『物質保證』來摧毀對方民族的力量的話，那末這就是拿破崙第一，因爲他曾締結過提里齊特和約[1]，並且在普魯士以及其他德國地區推行過這個和約。然而，過了幾年之後，他那赫赫威勢就在德國人民面前煙消雲散了。但是，普魯士現在野心勃勃想要向法國索取的『物質保證』，難道能夠和拿破崙第一當日向德國本身索取過的相比較嗎？這一次，結果也會是同樣不可收拾。歷史將來給予報應的時候，決不會是看你從法國割去了多少平方英里的土地，一定會是看你犯了多大的罪惡，而這罪惡就是在十九世紀後半期重新復活掠奪政策。

擁護條頓愛國主義的人們會說：但是你們不應該把德國人同法國人混爲一談呀。我們所要的不是榮譽，而只是安全。德國人實

---

[1] 提里齊特和約是在拿破崙第一的軍隊擊破普魯士之後，在一八〇七年由法國和俄國締結的和約。——編者註。

質上是愛好和平的民族。在正當防禦的幌子下，他們甚至把分明是未來戰爭原因的侵略行動，也說成永久和平的保證。當然不是德國在一七九二年間爲着用槍刀擊潰十八世紀革命的崇高目的侵入了法國呀！也不是德國在奴役意大利，鎮壓匈牙利以及瓜分波蘭的時候染污了雙手呀！　在德國現行的軍役制度下，一切壯年男子都分成現役常備軍和候補常備軍兩部分，並且這兩部分都是必須絕對服從自己的天賜長上的，——這個制度當然是維護和平的『物質保證』，並且是文明的最高目的呀！在德國，也如在任何別處一樣，有權勢者的走卒總是用虛僞的吹噓毒化着社會輿論。

這班德國愛國志士看見法國擁有麥茨和斯特拉斯堡這兩個堡壘時，非常感到氣憤；但他們目覩俄國在華沙、莫得林、依萬戈羅得等處佈設的巨大工事網時，却不認爲有什麼不正義的地方。他們在受波拿巴侵犯的慘象面前周身發抖，而他們對於受俄皇監護的奇恥大辱却置若罔聞。

正如先前在一八六五年間，路易•波拿巴曾與俾斯麥互相保證一樣，此時在一八七〇年間，郭爾查科夫同樣也與俾斯麥互相保證。正如先前路易•波拿巴曾渴望一八六六年的戰爭將削弱奧普兩國的實力而使他能成爲德國命運主宰一樣，此時亞歷山大也渴望一八七〇年戰爭將削弱德法兩國的實力而使他能成爲整個西歐命運的主宰。正如第二帝國曾認爲自己不能與北德意志聯邦並存一樣，專制的俄國也定會感覺到普魯士領導的德意志帝國是對它的威脅。這原是舊的政治制度的規律。在這個舊制度範圍內，一國之所得卽是他國之所失。沙皇對於歐洲的壓倒的影響是基於他對德國具有傳統的控制力。當俄國本身內部那些火山似的社會力量威脅着震撼專制制度最深固的根基時，難道沙皇能容許喪失他的外部威信嗎？莫斯科的報紙已經用波拿巴的報紙在一八六六年戰爭後所用的口氣說起話來了。難道條頓愛國志士眞正以爲他們把法國投入俄國懷抱中去，就可以保證德國獲得自由與和平嗎？如果軍事上的僥倖，醉心於成功的心理以及皇朝的陰謀，將把德國推到掠奪法國省份的道路上去，那末在德國面前就只會留下兩條路：或是不免要分明成爲俄國掠奪政策的工具，或是在短暫的喘息後就不免要開始準備進行另一次『防禦』戰爭，但那時不是進行一個新發明的『地方性』戰爭，而是進行種族戰爭，卽反對斯拉夫種族和拉丁語系種族聯合勢力的戰爭。

德國工人階級既無法阻止這次戰爭，所以它努力支持了這次戰爭，作爲是爭取德國獨立、爭取法國和全歐洲從第二帝國羈絆下解放出來的戰爭。德國工業工人和農村工人一起組成了英勇軍隊的骨幹，而家裏則留下了他們半饑半飽的親人。除了在國外的戰場上受到的痛苦之外，他們將來回到家裏時也會熬受並不較輕的貧困的痛苦。所以他們現在也要求『保證』使他們付出的無數犧牲不致成爲虛擲，使他們眞正獲得自由，使他們對於波拿巴軍隊的勝利不會像一八一五年那樣變成德國人民的失敗。而他們所要求的這樣的第一個保證，就是使法國獲得光榮和平並承認法蘭西共和國。

德國社會民主工黨中央委員會在九月五日發表了一個宣言，其中努力堅持了這些保證。『我們——宣言上說道——抗議吞併亞爾薩斯—洛林區。我們瞭解我們是以德國工人階級的名義說話的。爲了法國和德國的共同利益，爲了和平和自由的利益，爲了西歐文明向東方野蠻進行鬥爭的利益，德國工人無論如何不能容忍吞併亞爾薩斯—洛林區…我們將和我們全世界工人同志們一起，堅定忠實地擁護無產階級共同的國際事業！』

不幸我們不能指望他們馬上獲得成功。既然法國工人在和平時期尚且不能阻止侵略者，那末德國工人在軍事狂熱時期又怎麼會有較多的希望止住勝利者呢？ 德國工人的宣言要求把路易•波拿巴當作一個普通罪犯交給法蘭西共和國去懲辦。他們的統治者卻竭力設法重新把他扶上推勒里寶座，認爲他是能把法國導向滅亡的最適當的人選。無論如何，歷史會證明，德國的工人决不是像德國的資產階級那樣由脆弱的材料造成的。他們定會完成自己的職責。

我們同他們一起歡迎法蘭西共和國的成立，但是同時我們心中頗覺不安，我們唯願這種不安不過是過慮，這個共和國沒有推倒國王，它只是佔據了國王留下的空位置。它不是作爲一種社會的成果，而是作爲一種民族的防衛措施宣告成立的。它掌握在一個臨時政府手中，組成這個政府的一部分人是明顯的奧爾良黨人，一部分人是資產階級的共和黨人，後者中間有一部分人又是在一八四八年六月起義時期沾染了洗不淨的污點的。這個政府所有各個委員間的職務分配，不會保證有多大的建樹。奧爾良黨人佔據了最有權勢的位置——軍隊和警察，而冒牌的共和黨人則只從他們那裏分到了一些從事空談的職位。從這個政府的最初幾個步驟中已可相當明顯地看出，這個政府不祇是從帝國那裏承襲了一大堆殘磚斷瓦，而且還承襲了它對於工人階級的恐懼心理。如果他們現在用共和國的名義信口允諾作出一些最不可能的事情，那末他們這樣作不是爲了要掀起一種擁護『可能的』政府的喧囂嗎？ 這個共和國依照它那班資產階級首腦中某些人的意圖——不是應該只充當一種轉到奧爾良復辟制度去的過渡階段和橋樑嗎？

由此可見，法國工人階級正處於最困難的情況。當敵人幾乎已在敲着巴黎城門的時候，一切推翻新政府的企圖都將是絕望的蠢舉。法國工人應該執行自己的公民職責，但他們不應該讓人家用一七九二年的民族傳統來迷住他們，如像法國農民曾經讓人家用第一帝國的民族傳統來騙住他們一樣。他們不是應該重複過去，而是應該建設將來。唯願他們鎮靜堅决地利用共和國的自由所提供給他們的一切，更切實地加強他們自己階級的組織。這將賦予他們以蓋爾枯里斯般的新增力量，去爲法國的復興和我們的共同事業即無產階級解放事業而鬥爭。共和國的命運要靠他們的力量和智慧來決定。

英國工人已經採取了一些步驟，以求用外部的除毒壓力來強迫他們的政府改變不願承認法蘭西共和國的態度[1]。英國政府現在遲遲不決，大概是想以此抵銷自己在一七九二年進行的反雅可賓戰爭，以及自己過去匆忙承認國家政變時所表現的那種不體面的急性態度吧。此外，英國工人要求他們的政府用一切力量去反對分裂法國，而這種分裂是一部分英國報刊公然無恥地要求的。這部分報紙曾在整整二十年內把路易•波拿巴崇奉爲歐洲的救主，並且歡欣若狂地鼓掌贊揚了美國奴隸主的叛亂[2]。現在，它也如當時一樣提倡擁護奴隸主的利益。

國際工人協會各支部應號召全世界各國工人階級採取積極的行動。如果工人們忘記自己的職責，如果他們始終採取消極態度，那末現在這次可怕的戰爭就會成爲將來發生新的更可怕的國際戰爭的預兆，並且會使每一國家內的掌握刀槍、土地和資本的武士們對工人獲得新的勝利。

共和國萬歲！

由卡•馬克思起草並於一八七〇年九月九日由國際工人協會總委員會會議批准。當時就用英文、德文和法文印成傳單發行。

按照傳單本文刊印。原本係英文。

---

[1] 這裏所指的是由馬克思和第一國際總委員會發起在英國工人中廣泛展開的爲爭取承認法蘭西共和國的羣衆集會運動。——編者註。

[2] 當美國北部工業勢力與南部種植場主奴隸主勢力之間進行內戰的時候（一八六一至一八六五年），英國的資產階級報刊採取了擁護南部勢力即奴隸主制度的立場。——編者註。

國際工人協會總委員會關於一八七一年法蘭西內戰的宣言

致協會歐洲各國及美國全體會員

（一）

一八七〇年九月四日，當巴黎工人宣佈成立共和國而立刻受到法蘭西全國人民一致歡迎的時候，有一夥貪求功名的律師——他們的政治家是梯也爾，而他們的將軍便是特羅修——佔據了市政廳。這些人那時曾是如此迷信巴黎負有在一切歷史變亂時期代表全法國的使命，竟以爲他們只要出示業已失效的巴黎議員證書，就完全足夠證明他們用強力奪到手的法蘭西統治者頭銜確有法律根據了。在我們關於這次戰爭發表的第二次宣言中，即在這些人僥倖得勢五天以後的時候，我們已經向你們說明他們究竟是些什麼人了。然而當時弄得措手不及的巴黎，由於工人們的眞正首領還被關在波拿巴的監獄裏，而普魯士人又已迅速逼近了，所以只得讓這些人掌握政權，不過附帶有一個定要執行的條件，就是他們行使這個政權只能是爲了國防的目的。當時爲要保衛巴黎，就一定要武裝巴黎工人，將他們組成爲眞正的軍事力量，使他們在實際戰爭中學會軍事藝術。可是，武裝巴黎就無異是武裝革命。巴黎戰勝普魯士侵略者就無異是法國工人戰勝法國資本家及其國家寄生蟲。國防政府被迫在民族義務與階級利益二中擇一的時候，一分鐘也沒有猶豫——它變成賣國政府了。

這政府首先採取的一個步驟，就是派梯也爾去周遊歐洲各君主國家，懇求各國朝廷當局大發慈悲出面調解，並以把法國由共和國改成君主國作爲交換條件。巴黎已被圍困了四個月的時候，他們就認爲已應該談起投降來了；特羅修在法佛勒及其他同僚在場的時候，向聚會的巴黎市長們發表了如下一席話：

『我的同僚在九月四日當晚已向我提出的第一個問題，就是巴黎有沒有可能順利抵住普魯士軍隊的圍困。對於這個問題，我毫不遲疑地給了一個否定的答覆。現在在座的同僚中，有好幾位可以爲我作證；他們能向你們證明我說的是實話；我一向就堅持我那時說過的這個意見。我那時向他們說的，正就是我現在向你們說的話：在目前的情況下，企圖打退普魯士軍隊而保住巴黎，這純粹是一件蠢舉，——固然是一件英勇的蠢舉，——當時我加了一句，但終究不過是一種蠢舉而已…事變（由他自己所佈置的）已經證實了我的預斷。』

特羅修這篇漂亮而簡短的演詞，後來已由當時在場的一個市長科爾崩公諸於世了。

這樣，還在共和國宣佈成立的當天晚上，特羅修的同僚已經知道他的『計劃』是使巴黎投降。如果國防一語並不單是梯也爾和法佛勒一流人藉以圖謀私人統治地位的幌子，那末九月四日僥倖得勢的人們在九月五日就應該引身而退，將特羅修的『計劃』告訴巴黎人民，叫他們趕快投降或是親自掌握起自己的命運。但是這班毫無廉耻的騙子却決定要巴黎飽嘗饑餓和殘殺的苦痛，藉以治好巴黎愛幹英勇蠢舉的毛病，暫時則用一些冠冕堂皇的宣言來欺蒙它。有一篇這樣的宣言中曾說：特羅修，即『巴黎總督，是永遠不會投降的』；『外交總長法佛勒決不會讓出一寸領土，決不會讓出我們堡壘上的一塊石頭』。但是，正是這個法佛勒在給岡倍塔的一封信中却又承認說，他們所『防禦』的不是普魯士的兵士，而是巴黎的工人。由狡黠的特羅修任命指揮巴黎軍隊的那班波拿巴強盜們，於整個被圍期間，在私人往來的通信中鄙薄地譏嘲了他們所深知其內幕的這種假防禦。（證據隨手可得：只要看一看公社在官報[1]上發表的巴黎國防軍砲兵總指揮、光榮隊大十字勳章佩帶者基奧與砲兵師長修珊的通信就夠了。）到一八七一年一月二十八日，騙子們終於揭下了假面具。國防政府在巴黎投降一舉中表現了眞是自甘屈辱到極點的英雄氣概，表現了自己是由俾斯麥的俘虜組成的一個法國政府，——這種角色卑鄙下賤到了極點，甚至路易·波拿巴自己在塞當的時候也沒敢於承當哩。這些投降分子在三月十八日事變發生後倉皇逃往凡爾賽去的時候，在巴黎手中遺下了一些證明他們賣國勾當的文件，爲了要把這些文件銷燬，正如公社後來在對外省的宣言中所指出的那樣，『這些人是會不惜將巴黎變爲一堆淹沒在血海中的廢墟的』。

推動國防政府許多首腦人物走向這種結局的，還有一些完全是特殊的，私人利害關係的打算。

在休戰協定締結後不久，國民議會的一個巴黎議員米里哀爾——他後來是被法佛勒特別下令槍斃了的——曾公佈過許多眞實的司法文件，證明法佛勒在與一個阿爾及利亞酒徒的妻子通姦同居的時候，利用自己在數年內極無耻僞造出來的一些文據，以自己的一些私生子女的名義承繼了大宗遺產，因而變成了一個財主；後來在合法繼承人與他之間的爭訟中，只是因爲波拿巴政府的法庭對他特別庇護，他的僞證才沒有被揭穿。既然無論什麼樣的詭辯都抹煞不了這些鐵面無情的司法文件，於是法佛勒就生平第一次認爲必須緘口不言，靜靜地等待國內戰爭的爆發，好在那時候把巴黎人民大罵一頓，說他們是一羣擅敢謀叛家庭、宗教、秩序和私有財產的逃犯。同時，這個僞證製造者在九月四日後剛一奪得了政權時，就出於同情，立即釋放了皮克和泰費爾，這兩個人是甚至在帝國時代就已因僞造有關愛登達爾報醜聞的證件受過法庭制裁的。

---

[1] 即法蘭西共和國官報（«Journal Officiel de la République Française»）——巴黎公社政府的機關報，一八七一年三月十九日至五月二十四日在巴黎出版——編者註。

這兩個老爺中的一個，即泰費爾，居然敢於在公社時期回到了巴黎，不過公社立即就把他監禁起來了。事實雖然如此，而法佛勒却在國民議會講壇上向全世界大聲叫喊說，巴黎人釋放了一切囚犯呀！

愛爾涅斯特·皮加爾是國防政府中的爵·米里爾[1]，在帝國時代再三企圖鑽營內務總長位置沒有成功，現在自任為共和國財政總長；他是某阿爾土爾·皮加爾的兄弟，那人是騙取了錢財（見一八六七年七月十三日巴黎警察廳的報告），因而被逐出了巴黎交易所，並且在任貿易總會分社（巴勒斯特羅街五號）經理時期盜用過三十萬法郎（見一八六八年十二月十一日的巴黎警察廳報告），因而根據他的自供判處了徒刑的。正是這個阿爾土爾·皮加爾由愛爾涅斯特·皮加爾指定來担任了他所主辦的自由選民報的主筆。這個財政部機關報正式發表的謊話朦哄着一般普通的交易所投機分子，而阿爾土爾·皮加爾則經常在財政部和交易所之間跑來跑去，利用法國軍隊每次失敗機會來謀利發財。這一對寶貝兄弟關於生意的全部信件，都落到公社手裏了。

費里在九月四日以前原是一個窮律師，在巴黎被圍期間却以本城市長資格巧於利用城中饑餓狀況搜括了大批錢財。當他將來必得作他的行政工作報告的那一天，就會是他受到裁判的一天。

這種人只能夠在巴黎遭到毀滅時得到 tickets-of-leave[2]；他們正好是俾斯麥用得着的。稍微經過了一番洗牌手續後，一向是在

---

[1] 德文版上是卡爾·伏格特，法文版上是法爾斯塔夫。

爵·米里爾是十八世紀的英國著名演員。卡爾·伏格特是德國的資產階級民主主義者，後來變成了拿破崙第三的間諜。法爾斯塔夫是莎士比亞劇本中的吹牛專家和滑頭騙子的典型。——編者註。

[2] 在英國，當犯人已度過大部分刑期之後，有時給予出獄證書，犯人持着這種證書可以在獄外自由居住，但應受警察監視。這種證書稱為tickets-of-leave（出獄證書），而其持有者則稱為 ticket-of-leave men。（一八七一年德文版附註。）

31—1966

幕後操縱政府的梯也爾忽然成了政府的首腦，而 ticket-of-leave men 則成了政府各部的總長。

梯也爾，這個侏儒怪物，半個多世紀以來一直受法國資產階級傾心崇拜，因爲他是這個資產階級的階級腐敗的一個最完備的思想代表人物。當他尙未成爲國家要人之前，他在做歷史家的時候已顯出自己的說謊才能了。他的社會活動年譜，就是一部法國災難史。一八三〇年以前他總是與共和黨人混在一起，在路易—菲力普統治時代却因他叛賣自己恩人拉斐特而鑽得了總長位置。爲了博得國王恩寵，他煽起了羣氓暴動來反對僧侶，因而使聖茄曼—洛克塞路阿敎堂和大主敎的宮庭遭受了搶刼；並且在對付貝理公爵夫人的關係上充當了偵探總長和助產獄吏的角色。共和黨人在特朗斯諾南街上遭受毆打的事件，以及接着頒佈的取締報刊和集會結社權的可惡的九月法令，都是由他一手幹出的。一八四〇年三月，他已在充任內閣總理，當時他以他擬定的鞏固巴黎防務的方案震驚了全法國。當共和黨人指責這個方案是一個危害巴黎自由的惡毒陰謀時，他在議院中答覆道：

『什麽話？你們以爲加固工事在某某時候可能危害自由嗎！你們首先就是存心毀謗，竟以爲有某一個政府敢於爲了保持政權而在某某時候轟擊巴黎…這樣一個政府在勝利後將會比在勝利前更無立足的餘地。』是的，除了預先已將砲台交給普魯士人的政府以外，確實是再沒有哪一個政府敢於從這些砲台上轟擊巴黎的。

一八四八年一月，當炸彈國王砲擊巴勒摩城的時候，早已不是總長的梯也爾又在議院中發表了這樣的演說：『諸位先生！你們可知道在巴勒摩發生了什麽樣的事情嗎。當你們聽說有一個大城市竟被連續轟擊了四十八小時，你們大家都一定會驚駭得發抖（在議會的意義上）。究竟是被誰轟擊呢？是被那利用戰爭權利的外敵嗎？不是的，諸位先生，是被自己的政府轟擊哩。究竟是爲什麽？就是因爲這個不幸的城市要求了自己的權利。爲了要求自己的權利而被連續轟擊了四十八小時…我向全歐洲的輿論呼籲。我想，從這個歐洲最偉大的講壇上，用憤怒的言辭（眞的，實在只是用言辭）來指斥這種行動，將是有功於人類的。愛斯帕爾特羅攝政王對自己的國家作過許多的貢獻（而梯也爾從未作過這種貢獻），但當他爲了鎭壓巴爾塞羅納城暴動決心轟擊該城時，從全世界各地都發出了共同的憤怒的抗議。』

經過一年半之後，梯也爾已經是爲法軍炮擊羅馬城[1] 的行動進行最狂熱辯護的一個人了。其實，炸彈國王的過錯大概是只在於他不該限定只轟擊四十八小時哩。

在二月革命以前幾天的時候，梯也爾因受基佐排擠，憤於長期不能獲取高位厚祿，所以他一嗅到了人民風暴將臨的氣息，就用他那曾使他博得了 «Mirabeau-mouche»[2] 綽號的高傲口吻在議院中聲稱：『我不但屬於法國的革命黨，而且也屬於全歐洲的革命黨。我希望革命政府留在溫和派掌握中…但是，即令這政府轉到了熱烈人物以至急進派的掌握，我也決不因此放棄自己的事業。我將永遠屬於革命政黨這一邊。』

二月革命爆發了。革命並不是像這個小人所夢想的那樣把基佐內閣換成梯也爾內閣，而是用共和國替代了路易—菲力普。在人民獲得勝利的第一天，他曾小心翼翼地隱藏起來，殊不知工人們對他的鄙視可能使他免除他們洩恨的處置。這位著名的勇士，曾多方閃避參加社會活動，直到六月屠殺[3] 爲他這種人掃清了道路的時候止。那時他就成了『秩序黨』及其國會共和制度的思想領袖，這個國會共和制度是一種無名的過渡統治，當時統治階級中所有一切競

---

[1] 法國軍隊在一八四九年四月被調到意大利去鎭壓了意大利革命。他們轟擊了革命的羅馬，而這是公然違背法國憲法的，因爲法國憲法規定共和國決不運用自己的武力去摧殘任何民族的自由。——編者註。

[2] 意即『蠅子式的米拉波』。——編者註。

[3] 是指一八四八年鎭壓巴黎無產階級六月起義而言。——編者註。

31*

爭黨派都爲了壓倒民衆而暗中互相勾結，同時它們又因各自企圖恢復自己的皇朝而互相傾軋。梯也爾當時也如現在一樣責備共和黨人，說他們是在鞏固基礎上建立共和國的唯一障礙；他當時也如現在一樣，對共和國說過好像是劊子手對唐卡洛斯說的話：『我殺死你，是爲了你自己的好處』。現在也和當時一樣，他在自己勝利後第二天就禁不住要高叫說：L'Empire est fait——帝國造成了。梯也爾已忘却自己關於必要自由的虛僞言論，他已忘却他因路易•波拿巴愚弄了他並且一脚踢開了國會制度（除非有人工造成的國會制度氛圍，這小人就要變成一文不値，而這是他淸楚知道的）而對之懷抱的私怨；他參加了第二帝國從法國軍隊攻佔羅馬起到對普戰爭止的一切可恥勾當；他以對德國統一肆行攻擊的論調挑唆了這個對普戰爭，因爲他並不把這種統一看作是掩蓋普魯士專制主義的假面具，却把它看作是破壞法國對保持德國分裂狀況的世襲權利的表現。這個矮子喜歡在歐洲面前揮舞拿破崙第一的寶劍。他在自己的歷史著作中就是一味替拿破崙擦靴子的。實則，他的對外政策，從一八四一年的倫敦會議起，到一八七一年的巴黎投降止，始終是把法國引到極端屈辱地步，以至引到了國內戰爭，在這個國內戰爭期間，他蒙俾斯麥恩許把在塞當和麥次被俘的軍人驅去攻擊了巴黎。雖然他有些機動的本事，雖然他的主張反覆無常，但他終生都極端墨守成規。不言而喻，現代社會中比較深入的變動，始終是他所不能理解的秘密；他那副腦子所有的全部能力都用到了舌頭上去，甚至對於社會表面發生的最明顯的變化也不能領悟。例如，他把違反法國陳腐保護關稅制度的一切都一貫指斥爲瀆犯神聖。他在當路易—菲力普王朝總長的時候，曾嘲駡鉄路是荒誕的怪物；而當他在路易•波拿巴時代處於反對派地位的時候，他又把任何改革法國陳腐軍隊制度的企圖指斥爲大逆不道了。他在自己許多年的政治生涯中，從未採取過一件稍微有點實際益處、哪怕是極微小的措施。梯也爾一貫勵行的就只是他對財富的貪得無饜和對這財富生產者的切齒痛恨。他初次到路易—菲力普下面去當總長時窮得和約伯一樣，而到離職時却已成了百萬富翁。在這同一個國王下當最後一任總長時(一八四〇年三月一日起)，他曾在衆議院中被人公開控告侵吞公款。對於這個控告，他那時只限於用眼淚鼻涕作回答，——這是個便宜的答覆，是法佛勒和任何別的鱷魚也都慣於用以支吾搪塞的答覆。一八七一年在波爾多的時候，他爲了挽救法國面臨的財政崩潰而採取的第一個辦法，就是給自己規定三百萬法郎的年俸；這就是他曾在一八六九年給自己的巴黎選民們的宣言中描繪成的那個理想的『節儉共和國』的通篇大意。他的一個一八三〇年時議院中的同事貝列，本人是一個資本家，但却是巴黎公社的一個忠誠的委員，最近他在一篇公開聲明中對梯也爾這樣說道：『使勞動受資本的奴役，一向是你的政策的基礎。自從巴黎市政廳內宣告成立了勞動共和國的那一天起，你就從不停歇地向法國叫喊：『這些人都是罪犯呵！』。梯也爾是一個在政府中耍小無賴的專家，背信棄義和賣身變節的老手，國會黨派鬥爭中陰謀詭計、蓄意陷害與無恥失信的巨匠；他一失勢時不惜鼓吹革命，而一旦大權在握時則毫不躊躇地把革命浸入血泊；他只有階級偏見而沒有思想，只有虛榮心而沒有良心；他的私人生活和他的社會生涯同樣卑鄙齷齪——甚至在現在，當他扮演着『法蘭西的蘇拉』一角時，他還是情不自禁地用他那可笑的傲慢態度顯示出他的行爲的卑汚。

不僅將巴黎而且將全法國交給普魯士統治的巴黎投降一舉，乃是九月四日的竊國大盜們在——用特羅修自己的話來說——奪取政權的當天就開始了的一長串通敵賣國陰謀勾當的總結束。另一方面，這一投降又是他們在普魯士協助下對共和國和巴黎發動內戰的開端。陷阱在投降條件本身中已佈設好了。那時，有三分之一以上的國土陷於敵手；首都與外省間的聯系已被割斷，交通路綫已被破壞。在這種情況下，要選出眞正能代表法國的人物來，沒有充分的準備工作是不可能的。正因爲如此，所以在投降條文中就規定國民議會必須在一星期之內選出，結果法國有些地區只是在選舉前夕才接到關於當前選舉的消息。並且，據投降條文中專門一項規定，選出國民議會只是爲了決定和戰問題，而在必要時，則由它締結和約。人民不能不感覺到：停戰條件已使繼續戰爭成爲根本不可能的事情了；而出席簽訂由俾斯麥指定的和約的人選，又是以法國最壞的人最爲合格的。但這些戒備辦法還不能使梯也爾安心，於是他在停戰的秘密尙未曉示巴黎以前，就已出發到全國各地去作競選旅行，爲的是要把合法王朝黨的死屍復活起來；這個黨和奧爾良黨人一起應該來替換當時已爲全國所唾棄的波拿巴派。對於合法王朝黨人，他倒並不害怕。這些人要成立現代法蘭西政府是不可想像的，因此作爲敵手也是並不危險的；這個黨的全部活動，用梯也爾本人的話（一八三三年一月五日在議院的演說）來說，『經常都是憑靠外敵侵入、國內戰爭及無政府狀態這三大柱石來支持』；因此這個黨是反革命勢力的最得心應手的工具。但合法王朝黨人衷心相信他們千載不易的天下可以恢復。的確，法國又淪於外敵鐵蹄之下，帝國又被推翻了；波拿巴又被俘虜了，而合法王朝黨又復活起來了。顯然，歷史的車輪已經向後轉，要滾囘到一八一六年的『無雙議院』去。在一八四八至一八五一年共和國時代的國民議會中，代表合法王朝黨人的是頗有素養和富有國會鬥爭經驗的人物；現在打頭陣的却是他們黨內的庸碌之輩——卽法國所有一切的普爾松雅克[1]。

當這個『地主代表』議院[2]在波爾多剛剛開幕的時候，梯也爾甚至沒有讓他們進行國會辯論，就乾脆地告訴他們說，他們必須立刻接受和約的先決條欵，因爲只有這樣，普魯士才會准許他們發動反對共

[1] 普爾松雅克是莫利哀喜劇中的主人公，思想愚鈍與眼界狹隘的小地主典型。——編者註。

[2] 一八七一年二月十二日在波爾多召開的國民議會中的絕大部分議員都是保皇黨人（七百五十個代表中有四百五十個保皇黨人），他們是代表地主與城鄉反革命階層的。因有『鄉紳會議』或『地主議院』之稱。——編者註。

和國及其堡壘巴黎的戰爭。反革命勢力的確是無暇考慮。第二帝國已使國債增加了一倍，所有的大城市都負有沉重的地方債務。戰爭極度地加重了債負，完全耗竭了全國的財源。不僅如此：普魯士的歇洛克[1] 站在法國土地上，持着票據勒索供養五十萬軍隊的糧餉，要求支付五十億賠款以及在過期繳納時必須補付的百分之五的利息。這一切應該由誰担負繳付呢？只有用暴力推翻共和國之後，財富所有者才能夠把他們自己發動的戰爭重担轉嫁到財富生產者身上去。於是，法國經濟的空前破壞，就推動了這班愛國之士——地產和資本代表人物——當着外國侵略者眼前並在其開恩庇護下，用國內戰爭即奴隸主叛亂來結束對外戰爭。

在實現這個陰謀的途程中，橫着一個巨大的障碍物——巴黎。解除巴黎的武裝，是保證成功的首要條件。因此，梯也爾就要求巴黎放下武器。使巴黎忍無可忍的一切辦法都採用過了：地主議院發出反對共和制度的極瘋狂的叫囂；梯也爾本人含糊其詞地諷刺說共和國沒有法統根據；有人威脅說要斬去巴黎的頭顱和取消它的首都稱號(décapiter et décapitaliser);奥爾良黨人被委派爲使節;杜福爾頒佈了他那些要澈底破壞巴黎工商業的關於處理過期商業期票及房租罰金的法令；由普野—克爾梯掞堅持對任何出版物每份規定徵收二生丁的稅金；布朗基和伏魯蘭斯被判處死刑，共和派的報紙遭到封閉；國民議會遷到了凡爾賽；由柏烈高宣佈而在九月四日取消的戒嚴又恢復了；十二月二日的英雄維奴阿被委派爲巴黎的總督，波拿巴派的憲兵瓦朗騰被任爲警察總監，耶穌會教徒將軍奥雷爾德巴拉丁被任爲巴黎國民衛軍總司令。

現在我們要向梯也爾先生和他御用的國防政府人員們提出一個問題。大家知道，梯也爾由他的財政總長普野—克爾梯掞經手發行了必須立刻繳清的二十億公債。那末：

[1] 歇洛克是莎士比亞威尼斯商人一劇中的高利貸者典型。——編者註。

（一）究竟這筆生意是不是眞有數千萬作爲『佣金』落入了梯也爾、法佛勒、愛爾湼斯特・皮加爾、普野—克爾梯挨和柔爾・西蒙的荷包呢？

（二）是不是眞正約定只有在『平定』巴黎後才償還呢？

無論如何，總有某種情況會迫使他們趕緊要做到這件事情，因爲梯也爾和法佛勒曾用波爾多議會大多數的名義最無恥地堅持要普魯士軍隊立即佔據巴黎。但是，俾斯麥的政策當初並未估計到這一步，正如他回到德國以後公開對法蘭克福那些洗耳恭聽的庸人們用譏諷口吻說過的那樣。

（二）

武裝的巴黎是實現反革命陰謀途中的唯一嚴重障礙。因此必須解除巴黎的武裝。對於這個問題，波爾多議院態度表示得十分坦白。縱然『地主議院』代表們狂暴的鼓噪還不很明顯，而梯也爾把巴黎交給十二月殺人犯維奴阿，波拿巴派憲兵瓦朗騰和耶穌會教徒將軍奧雷爾德巴拉丁三人統治的事實，却就使人再不能有絲毫疑惑了。陰謀者們毫不掩飾他們解除巴黎武裝的眞正用意，用一種純係橫蠻無恥的撒謊式的藉口要求巴黎交出武器。據梯也爾宣稱，巴黎國民衛軍的大砲是國家的財產，所以應當歸還給國家。而實際情形則是這樣：自從投降那天起，巴黎就已嚴加戒備，因爲俾斯麥的俘虜們按照這次投降條件把法國出賣給俾斯麥的時候，爲自己留下了大量保鏢衛隊，目的顯然是爲了鎭壓巴黎。國民衛軍進行了改組，把最高的指揮權交給了由國民衛軍全體官兵——除了某些舊波拿巴軍隊殘部以外——共同選出的中央委員會。在普軍進入巴黎的前夕，中央委員會已設法把投降分子們叛逆地故意遺棄在普軍所要進佔的那些街區或其隣近街區裏的大砲和速射砲，運到了蒙馬特爾、柏爾微爾和拉維也特。這些大砲是由國民衛軍自己籌款造成的。在一月二十八日的投降書中，這些大砲曾被正式承認爲國民衛軍私有財產，因而沒有列入國家應該繳給勝利者的一般軍械中去。梯也爾沒有絲毫理由對巴黎開戰，因此不得不採用公然無恥的撒謊手段，硬說國民衞軍的大砲是國家的財產！

奪取大砲顯然只是全面解除巴黎武裝，亦卽解除九月四日革命武裝的一個信號。可是，這個革命已成了法國合法的局勢。這個革命所產生的共和國，已在投降書上由勝利者予以承認，而在投降之後又取得了各外國政府的承認；用它的名義召集了國民議會。九月四日的巴黎工人革命是波爾多國民議會及其執行機關的唯一合法的根據。假使沒有九月四日革命，那末這個國民議會就不免要立刻讓位給一八六九年在法國人統治下而不是在普魯士人統治下按普遍投票法選出，後來才被革命強迫解散的立法院。那末梯也爾和他的那一幫人就不免要投降，以便取得路易·波拿巴簽字的護照，免得要到開雲[1] 去旅行。握有全權去同普魯士媾和的國民議會，不過是這次革命中的一個插話，而革命的眞正體現者終究是武裝的巴黎，它担負了實行這次革命的使命，它爲這個革命挨受了五個月饑餓慘象百出的圍困，它不顧特羅修的計劃而以自己的持久抗戰保證各外省有可能進行了堅決的防禦戰爭。現在呢，這個巴黎或者是按照波爾多那班叛逆奴隸主的羞辱命令，必須自行解除武裝並承認九月四日革命不過是簡單把政權從路易·波拿巴手裏轉交給那些同他競爭的保皇黨人掌握，或者是要用自我犧牲精神去爲法國事業奮鬥，當時爲了把法國從完全覆滅危險中挽救出來並使它獲得新生命，唯一的途徑就是革命、就是推翻那產生了第二帝國並且本身已在這帝國庇護下弄到完全腐朽地步的政治制度和社會制度。受過五個月饑餓痛苦的巴黎，一分鐘也沒有猶豫。它充滿了英勇無畏精神，已準備好去經受對法國陰謀分子進行鬥爭的一切艱難困苦，哪怕當時有普魯士的大砲從它自己的砲台上向它威嚇，也是在所不顧

[1] 開雲是南美洲法屬圭亞那的首府，苦役和流放的地方。——編者註。

的。但是，中央委員會對於人家硬要巴黎進行的內戰，竟抱着一種厭惡態度，因此它不管國民議會如何挑釁，不管行政機關無端干涉它的事務，也不管軍隊在巴黎城內和巴黎周圍的集中達到如何威脅的程度，它始終是繼續保持着純粹防禦的立場。

於是梯也爾自己發動了內戰：他派維奴阿率領一隊警察和幾團常備軍隊去偷盜式地夜襲蒙馬特爾街區，企圖出其不意地奪去國民衛軍的大砲。大家知道，由於國民衛軍堅強抵抗以及軍民聯歡的結果，這個企圖沒有得逞。奧雷爾德巴拉丁在事先已經印好了勝利公報。梯也爾也早已預備好了關於他採取措施舉行政變的告示。這些告示結果竟只好用一個宣言來代替，宣稱梯也爾寬宏大量地決定將國民衛軍自己的武器賞給國民衛軍，希望這些武器會被利用來保護政府反對暴徒云云。在三十萬國民衛軍當中，只有三百人響應了小人梯也爾的號召站到他那邊去保衛他來反對國民衛軍本身。三月十八日光榮的工人革命完全掌握了巴黎。這個革命的臨時政府就是中央委員會。歐洲一時似乎不敢相信在它眼前發生的這些驚人的政治和軍事事變的眞實性，還以爲這也許是早已消逝的過去時代的夢幻哩。

從三月十八日一直到凡爾賽軍隊進入巴黎，無產階級的革命很少如像「上等階級」的革命，特別是反革命中極爲常見的那種暴力行爲，因而它的敵人們除了抓住萊康特和克萊孟•湯姆兩將軍的被殺和樊多姆廣場上的衝突事件之外，是找不到任何藉口來表示憤激的。

萊康特將軍是參加夜襲蒙馬特爾街區的波拿巴派軍官之一，他曾一連四次飭令第八十一常備團隊開槍射擊比加爾廣場上的手無寸鐵的羣衆；而當兵士們拒絕執行他的命令時，他就用不堪入耳的毒罵來斥責他們。他的兵士並沒有把武器對準無力自衛的婦女和兒童去射擊，而是把他自己擊斃了。兵士們在工人階級敵人的訓練下所養成的根深蒂固的習慣，自然不能在他們轉到工人方面來的一刹那間化爲烏有。克萊孟•湯姆也是被這些士兵開槍擊斃了的。

克萊孟•湯姆『將軍』過去是一個不得志的軍需中士，在路易—菲力普統治末年被吸收加入共和黨國民報編輯部：他担任了雙重職務，一面是傀儡式的總編輯，一面是這個好鬥報紙屬下的决鬥手。在二月革命之後，國民報方面的人們握得了政權，先前的軍需中士便被他們升成將軍了。這是在六月屠殺前夕發生的事情，他和法佛勒一樣狠毒地準備了這次屠殺事件，而且在這次屠殺事件中充當了最可惡的劊子手。在這次事件之後，他和他的將軍銜一起隱沒了很久，直到一八七〇年十一月一日才又出頭露面。在這天前夕，在市政廳中被俘獲的國防政府曾向布朗基，伏魯蘭斯及其他工人代表們莊嚴地允諾，說要把它所篡奪的政權轉交給巴黎民衆自由選出的公社。但國防政府並沒有履行自己的諾言，却慫恿特羅修將軍部下的布列塔尼部隊——他們現在代替了波拿巴部下的科西嘉部隊——去蹂躪巴黎。只有泰米則將軍一人不願參加這種背信棄義勾當，拒絕担任國民衛軍總司令職務。代替他担任這個職務的克萊孟•湯姆又做了將軍了。他在任總司令的全部時期內，始終沒有對普軍作過戰，而只是對巴黎國民衛軍作戰。他竭力阻撓國民衛軍全面武裝，嗾使國民衛軍中的資產者營去攻擊工人營；排除不同情特羅修『計劃』的軍官，誣衊無產者營畏縮不前而把它解散，實則這些無產者營的英勇果敢精神現在連最狂暴的敵人也爲之懾服哩。克萊孟•湯姆感到異常洋洋自得的，是他又有了機會來在事實上證明他個人仇恨巴黎無產階級的心情，這種心情是他在一八四八年六月屠殺中已很鮮明地表示過了的。在三月十八日的前幾天，他向軍事總長列弗洛呈上了他那個要永遠『消滅巴黎壞蛋精華』的計劃。到了維奴阿失敗以後，他又甘願以業餘間諜的身份出來活動。中央委員會和巴黎工人對克萊孟•湯姆和萊康特兩人被殺事件應負的責任，就像威爾斯公主對那些在她駕進倫敦城時擠死於人羣中的人們命運應負的責任一樣。

所謂赤手空拳的公民在樊多姆廣場上被毆事件，原是一種神話，無怪乎梯也爾和地主議會代表對它嚴守緘默，却委託那班歐洲報界的走卒去傳播。『秩序人物』，即巴黎反動派分子，聽到三月十八日勝利消息時全身發抖。在他們看來，這個勝利是表示人民報復的時日已經迫近。從一八四八年六月事件直到一八七一年一月二十二日慘遭他們殘殺的那些死者的寃魂，都出現在他們眼前了。但是他們只是受了一場虛驚。對於警察們不但沒有予以應有的處置——解除武裝和逮捕下獄，反而給他們洞開了巴黎城門，讓他們安全撤退到凡爾賽去。對於『秩序人物』不但沒有使他們受到任何驚動，反而容許他們團結起來並在巴黎中心奪得許多有力的陣地。中央委員會所表現的這種迥非秩序黨的道德觀所能領悟的優容態度，武裝工人所表現的這種迥非秩序黨的道德觀所能領悟的寬大精神，竟被秩序黨誤解爲工人們自覺無能的表現。因此，秩序黨就發生了一種愚蠢的意圖——用舉行彷彿非武裝的遊行示威來試圖做到維奴阿用大砲和後膛槍所沒有做到的事情。三月二十二日，從最豪奢的街區吵吵鬧鬧地走出了一羣『時髦君子』：其中包括有各色闊人少爺，領頭的是些極有名的帝國豬仔，如赫克連、科厄特洛貢、安里•德本之流。這一羣壞蛋怯懦地以和平遊行的口號作掩蓋，暗中攜帶有專業殺人兇手的武器，在街上列隊行進，遇到國民衛軍的崗警和哨兵就勒令繳械，並加以侮辱。他們走出和平街的時候，高聲呼喊『打倒中央委員會！打倒殺人兇手！國民議會萬歲！』，企圖衝過崗哨的警戒綫和襲擊設在樊多姆廣場上的國民衛軍總司令部。對於他們用手槍射擊行動所給予的回答，起初只是像通常一樣要求他們散去，直到這個要求不見效時，國民衛軍指揮官才下令開槍。一排槍就把這羣蠢貨打得四散奔逃，而這些傢伙本來以爲只要『體面社會』一出現就能大大影響到巴黎革命，好像依蘇斯•納文的喇叭聲影響到約勒漢城牆的故事那樣。國民衛軍方面有兩人竟被『遊行者』打死，並且有九人受傷很重（這九人中有一人是中央委員會委員）。在秩序黨這次偉業發生的地方，到處都散棄有手槍、短劍、匕首以及諸如此類表明他們『徒手』舉行『和平』示威遊行的證物。一八四九年六月十三日，即在國民衛軍爲抗議法軍殘暴襲擊羅馬而舉行眞正和平示威遊行的那一天，當時秩序黨的將軍尙加爾涅曾被國民議會特別是被梯也爾宣佈爲祖國救星，因爲他從各方面調動了所部軍隊來圍攻徒手遊行羣衆，使他們遭受槍殺、刀斬和馬蹄踐踏。巴黎當時宣佈了戒嚴。杜福爾急忙經由國民議會通過了許多新的殘暴法令；開始了新的逮捕，新的流放，新的恐怖統治。但是『下等階級』在這種情形下的做法却有所不同。一八七一年的中央委員會簡直沒有去理會那些『和平示威』的英雄，結果他們過兩天後就能由海軍大將賽塞指揮舉行了武裝示威，這次示威是以有名的竄奔凡爾賽收場的。當梯也爾已用夜襲蒙馬特爾街區開始了內戰的時候，中央委員會却竟堅決不肯把這個內戰繼續進行下去，因而犯了一個致命性的錯誤：本來應該立即向當時尙毫無防禦能力的凡爾賽進攻，以便澈底消滅梯也爾及其地主議院的陰謀。但中央委員會並沒有這樣做，竟使秩序黨能在三月二十六日的公社選舉中再度試驗自己的力量。在這一天，『秩序人物』在巴黎各市區大作號召調解的演說，同時爲自己立下——自然是暗地裏——莊嚴的誓言，要在適當的時機對過分寬大的勝利者施行流血的報復。

現在來看看這張圖畫的背面吧。梯也爾在四月初向巴黎舉行了第二次進攻。被解到凡爾賽去的第一批巴黎俘虜，受到了令人髮指的殘酷虐待。愛爾涅斯特·皮加爾把兩手插在袴袋裏，在他們的行列中間踱來踱去，百般嘲弄他們，而梯也爾夫人和法佛勒夫人則由他們的女侍簇擁着，站在陽台上面拍手喝彩稱賞凡爾賽暴徒的卑鄙行爲。正規團隊的被俘士兵，一律都被槍斃。我們勇敢的朋友杜瓦爾將軍，鑄造工人，沒有經過任何審訊手續就被槍決了。加里弗——他那個因在第二帝國御宴上無恥地賣弄色相而聲名狼藉的妻子的『面首』——在他的一篇宣言中誇耀說，正是由他下令把國民衛軍中突然受他的輕騎隊包圍繳械的一個小隊，連同隊長和副官一起，盡行殺盡。從巴黎逃出的維奴阿從梯也爾手裏領到了光榮隊大十字勳章，因爲他發佈了一道通令，把每一個從公社方面俘來的正規團隊士兵，格殺勿論。憲兵官德馬列也領得了勳章，因爲他忘恩負義，像屠夫一樣把仗義任俠、寬大爲懷的伏魯蘭斯，即在一八七〇年十月三十一日救全了國防政府人員生命的那個伏魯蘭斯，切成了碎塊。關於這次屠殺事件的『令人興奮的細節』，梯也爾洋洋自得地在國民議會的一次會議上作了長篇大論的叙述。他以一個因被允許扮演帖木兒角色感到無上光榮的國會裏的頑童神情，否認起義反對他這個小人尊嚴的人們具有交戰對方的權利，甚至不願對他們的救護站保持中立。再沒有什麽東西比獲得了權力來滿足其老虎本能的這個猴子即從前由福祿特爾描繪過的那種虎性猴子更加可惡的了。（參看附錄第三五頁。）[1]

公社在四月七日頒佈了一個法令，在這個法令中責成採取高壓手段，並宣佈說公社有責『保護巴黎不受凡爾賽強盜野蠻虐殺，並要求以眼還眼，以牙還牙』；在公社頒佈了這個法令後，梯也爾也沒有絲毫減輕他對被俘者的野蠻虐待；他還是照舊凌辱他們，在自己的公報上宣稱：『正直人士傷感的目光，從來還沒有看到過更加無恥的無恥民主派代表者』。這些所謂正直人士，就是梯也爾和他那一幫充當總長者一流的人們哩。不過，槍斃俘虜的行動是暫時停止了。但是，梯也爾和他那些將軍們——十二月政變的英雄們——一知道公社所謂採取高壓手段的法令不過是一種威脅，一知道連那些在巴黎被捕的僞裝國民衛軍的憲兵偵探以及被搜出燃燒彈的警察都獲得赦免時，就又開始來大批槍斃俘虜，這樣一直繼續到底。躲藏有國民衛軍士兵的那些房屋，盡被憲兵團團困住，四周澆上煤油(此種辦法在這次戰爭中是初次在這裏使用)放火焚燒了；有

---

[1] 參看本卷第五二二頁。——編者註。

許多燒焦的屍體，後來在特爾納街區被印刷工作者戰地救護隊人員從廢墟中扒了出來。有四個四月二十五日在貝爾愛彬被一隊騎兵繳械的國民衛軍士兵，由這騎兵隊的隊長——加里弗的忠僕——把他們一個個槍斃了。有一個被誤認爲打死了的衛軍兵士，名叫希弗爾，勉強爬到了巴黎的一個砲台跟前，向公社的一個委員會證明了這件事實。當托倫就這個委員會的報告向軍事總長列弗洛提出質問時，那班「地主議員」用叫喊聲蓋住了他的發言，不讓列弗洛出來答覆：因爲談起他們「光榮」軍隊的業蹟來，就會是侮辱這個軍隊呀。當梯也爾的公報以輕率的口氣報導了在茅林薩葵用刺刀殺死睡夢中的公社社員，在克拉馬爾實行大批槍殺的消息時——甚至向來不大敏感的倫敦泰晤士報也爲之震驚。但是要企圖一一列舉出那些轟擊巴黎，在外國侵略者保護下發起奴隸主暴動的人們的一切暴行，那是徒然的妄想。在這一切暴行當中，梯也爾已忘記他關於他那侏儒肩膀上負有莫大責任的國會辭令，居然在自己的公報上洋洋得意地說 l'Assemblée siège paisiblement （議會在和睦地舉行會議），並且時而同自己的將軍卽十二月政變的英雄們歡宴，時而同德國王子們歡宴，以此來證明他依然健談如初，甚至萊康特和克萊孟·湯姆兩人的亡靈也沒有敗壞他的食慾哩。

（三）

一八七一年三月十八日清晨，巴黎爲「公社萬歲！」的雷鳴似的喊聲驚醒了。公社，這個使得資產階級的頭腦怎麼也猜不透的怪物，究竟是個什麼東西呢？

「巴黎的無產者，——中央委員會在其三月十八日的宣言中寫道，——目覩着統治階級的失敗和叛變，知道他們自己應該負起管理社會事務的責任來挽救時局的時候已經到來…他們已瞭解到，他們負有這個絕對必須履行的職責，他們擁有主宰自己命運和掌握政權的不可否認的權利。』但是工人階級不能簡單地握取現成的國家機器，並運用它來達到自己的目的。

集中的國家政權及其基於系統和等級分工原則的無孔不入的機關，即常備軍、警察、官僚、僧侶和法官等級，是起源於君主專制時代，當時它充當了新興資產階級社會反對封建制度的有力武器。但是，貴族地主的權利、地方的特權、城市的和行會的專利以及各省的法規，——這一切中世紀的廢物阻碍了它的發展。十八世紀法國革命的巨大掃箒，把所有這些過去時代的殘渣都掃除淨盡，為建立現代國家的大厦廓淸了社會基地。這座大厦是在第一帝國時代建立起來，而第一帝國本身則是在半封建的舊歐洲聯合反對新法國的戰爭中締造成功的。在以後各個統治時代，政府被置於服從國會監督，即服從有產階級直接監督的地位。一方面，它變成了龐大國債和苛捐重稅的苗圃，它成了統治階級中各個競爭黨派和冒險家紛爭的對象，因為它擁有深深使他們傾心嚮往的行政權力、收入和職位。另一方面，它的政治性質也在社會經濟變動的影響下發生了變化。現代工業的進步既使資本與勞動間的對立日益發展、擴大和加劇，於是國家政權也就愈益帶有了資本壓迫勞動的全國政權性質，帶有了為實現社會奴役而組成的社會力量性質，帶有了階級統治機器性質[1]。在每次表明階級鬥爭向前跨進一步的革命之後，國家政權的純粹壓迫性質就愈益公開地顯露出來。一八三〇年的革命把政權從土地所有者手裏奪來交給了資本家，即從離工人階級較遠的敵人手裏奪來交給了它更為直接的敵人。資產階級的共和黨人以二月革命的名義奪取了國家政權，並且利用這個政權進行了六月大屠殺；他們以這次屠殺向工人階級證明出，所謂『社會』共和國不外是用共和國來對他們實行社會奴役，同時又向資產階級充滿保皇意識的

[1] 在恩格斯於一八七一年譯成的德文本中，這句話的末尾部分稍有刪節：『帶有了用以壓迫勞動的社會權力性質，帶有了階級統治機器性質』。——編者註。

羣衆和土地所有者階級證明出，他們可以安心讓資產階級『共和黨人』去担負管理方面的操心事務和享受管理方面的金錢實惠。但是，在建樹了六月勳業之後，資產階級共和黨人不免要從秩序黨——這一由此時已和生產者階級公開對立的有產階級中所有一切敵對黨派組成的聯盟——前列退居後列。他們共同管理的最適當形式，原來是由路易·波拿巴以總統資格主持的國會制共和國；這是一個公開實行階級恐怖和故意侮辱『庶民』的政府。據梯也爾說，國會制共和國是『使統治階級的各種黨派最少分裂』的一種政體；可是它在這個人數很少的階級和這個階級以外的整個社會機體之間築成了一條鴻溝。在以往各個政府下面，統治階級內部的爭執曾使國家政權受到相當限制，而現在由於這個階級聯合的結果，此種限制却已被消除了。由於有無產階級起義的威脅，聯合起來的有產階級已在卑鄙無恥地利用國家政權作爲資本對勞動作戰的全國武器。但是，有產階級對生產者大衆不斷地進行的十字軍征討，使它一方面不得不賦予行政機關以愈來愈大的權力來鎮壓反抗，另一方面不得不把他們自己國會制堡壘——國民議會——用以防範行政機關的一切手段漸漸剝奪掉；於是代表這行政機關的路易·波拿巴就把有產階級的代表們驅散了。第二帝國原是秩序黨共和國自然產生的後果。

這個利用國家政變作爲出生證書，又利用普遍投票作爲批准手續，更利用寶劍作爲王笏的第二帝國，竟聲稱自己倚靠於農民階級，即倚靠於沒有直接捲入勞資鬥爭的廣大生產者羣衆。帝國自命爲工人階級的救主，理由是它打破了國會制度以及政府公開受有產階級支配的情況；同時它又自命爲有產階級的救主，理由是它擁護有產階級對於工人階級的經濟上的統治。末了，它還聲明說它已把一切階級團結到復活了的國家榮譽的幻影周圍。事實上，帝國是在資產階級已經失去治國能力而工人階級又尚未獲得這種能力時唯一可能的統治形式。全世界都曾歡迎這個帝國，認爲它是社會的救主。在

32—1966

它的統治下，資產階級社會免除了一切政治顧慮，達到了它甚至沒有夢想到的高度發展。工商業擴展到了極大的規模；交易所的投機事業慶祝了自己縱橫世界的歡樂；民衆的貧困，在用欺詐和犯罪手段獲得而荒淫無度揮霍的財物光彩對照下，顯得特別刺目。看來高高凌駕於社會之上的國家政權，實際上正是這一社會的最大的恥辱，是一切汚穢事物的溫床。普魯士本來渴望把這一統治制度的重心從巴黎移到柏林去，而它的槍刺却把這個國家政權本身以及由這個政權救全了的社會所有全部腐敗內臟盡行揭穿了。帝國制度是由新興資產階級社會當作擺脫封建主義的工具建立起來，爾後又由已經充分發展的資產階級變成了資本奴役勞動工具的國家政權最卑鄙最無賴的形式。

公社是和帝國絕對相反的東西。巴黎無產階級用以歡迎二月革命的『社會共和國』口號，不過是表示了希望建立一種不僅應消滅君主制階級統治形式，而且應消滅階級統治本身的共和國的模糊意向。公社正就是這種共和國的一定的形式。

原是舊政府權力的駐在地和中心，同時又是法國工人階級的社會活動中心的巴黎，手執武器奮起反對了梯也爾及其地主議院要把帝國遺傳下來的這個舊政府權力恢復和鞏固的企圖。巴黎之所以能夠進行反抗，只是由於被圍情況使它能摒棄軍隊而建立了主要是由工人組成的國民衛軍。必須使這件事實成爲確定的制度，所以公社的第一道命令就是廢除常備軍而代之以武裝人民。

"公社是由巴黎各區按普選制選出的城市代表所組成。這些代表應該負責並且隨時可以更換。其中大多數自然是工人或已被公認的工人階級代表。公社應當不是國會式的，而是同時兼任立法和行政的工作團體。"向來都是中央政府工具的警察，立刻就被革除了一切政治職能，而變爲隨時可以撤換的公社負責機關了。其他一切行政部門的官吏，也莫不如此。從公社委員起，自上至下所有一切公務人員，都只應領得相當於工人工資的薪水。高級國家官吏所享有的一切特權和辦公費，都隨着這些官職的消滅而消滅了。社會公職已不再是中央政府走卒們的私有物。不僅是城市管理權，而且先前屬於國家的全部主動權，都已轉歸公社。

把舊政府物質權力的兩種武器卽常備軍和警察廢除以後，公社立刻就實行打破了精神壓迫工具卽『僧侶勢力』，方法是宣佈教會與國家分離，並剝奪一切教會所佔有的財產。教士們必須回復到私人的簡樸生活，像他們的前輩卽使徒們那樣靠信徒施捨過活。一切學校都對大家免費開放，不受教會和國家影響。這樣，不但學校教育成爲人人都能享受的東西，而且使科學免除了階級成見和政府權力所加予的桎梏。

法官已經失去了表面上的獨立性，這種獨立性只是他們用以掩蓋他們向一切嬗遞的政府卑鄙諂媚的假面具，而他們對於這些政府是依次宣誓盡忠，然後又依次實行背叛的。也如社會其他一切公務人員一樣，他們今後應該公開選出，應該負責並且可以隨時更換。

巴黎公社自然應當做法國一切大工業中心的榜樣。只要公社制度在巴黎和各個次要的中心確立起來，舊的中央集權政府就要把各個省區裏的位置也讓給生產者們的自治機關。在公社沒有來得及詳細加以發揮的全國組織綱要上說得十分肯定：公社應當成爲甚至最小村落的政治形式，常備軍應該在全國範圍內由服役期限極短的民警來代替。設在州區首府裏的代表會議，應當主管本州區所有一切鄉村公社的公共事務，而這些州區的代表會議則應派代表去參加設在巴黎的國民議會；代表必須嚴格遵守選民訓令（絕對委任狀），並且隨時都可以更換。那時還會留歸中央政府的爲數不多而意義重大的一些職能，則不應該廢除，——若硬說應該廢除，就會是故意揑造，——而應該轉交給公社的官吏，卽嚴格負責的官吏。民族的統一不是應該消滅，而是相反——應該通過公社機構組織起來。民族的統一應該實現，其手段就是把那以體現這種統一自任而却

32*

想離民族而獨立且凌駕於民族之上的國家政權消滅。其實，這個國家政權只是民族軀體上的寄生贅瘤而已。任務是要把舊有政府權力的純粹壓迫機關剷除掉，而把它的合理的職能從這種希圖凌駕於社會之上的政權方面奪取過來，交給社會的負責公僕担任。普選權不是要每三年或六年一次解決統治階級中哪一個人應該在國會裏代表人民和鎮壓人民，而是要爲組織在公社裏的人民服務，爲的是使人民能爲自己的企業找到工人、監工和會計員，正好似個人選舉權要爲這種目的服務於任何一個僱主一樣。大家知道，企業正像個人一樣，通常總是能夠爲了自己的目的把適當的人安置到適當的位置上去，即便有時會犯錯誤，也總能很快就把錯誤改正。另一方面，公社根本就是絕對反對用等級任命制去替代普遍投票選舉制的。

新的歷史創舉通常遭到的命運，就是人們把它認作是對舊有的甚至早已過時的社會生活形式的抄襲，只要新機關稍微與這些形式有點相彷。所以這個破毀着現代國家政權的新公社，也被人們認作是在這國家政權發生以前存在過並且構成這國家政權基礎的中世紀公社的復活。公社制度被人們誤認爲是企圖用許多小國家的聯盟（即孟德斯鳩與吉倫特派所夢想的聯盟），去代替目前在各個巨大民族那裏已成了——雖然最初是用暴力造成的——社會生產強大因素的統一。公社與國家政權間的對抗狀態，竟被誤認爲是那種反對過分集權制的舊鬥爭的擴大形式。特殊的歷史條件可能阻礙當時在法國有過的那種資產階級統治形式的典型發展，而造成例如英國那樣的狀態，即主要的中央國家機關加上貪污腐敗的教區議會（vestries），鑽營私利的市政局委員，城市裏兇狠的貧民監護人和鄉村裏事實上世襲的法官。公社制度定會把迄今被這個靠社會養活而阻滯社會自由發展的寄生贅瘤即『國家』所吞噬的一切力量，歸還給社會機體。即此一端也就會推進法國復興事業了。外省城市的資產階級以爲公社是企圖恢復它在路易—菲力普治下曾經享有過，而在路易•波拿巴治下則被鄉村對城市的虛假統治所排除了的對鄉村的統治。其實，公社制度是要使鄉村生產者們受到每一省區內各主要城市方面的精神領導，並保證他們能以城市工人爲其自身利益的天然代表者。公社本身的存在就自然會帶來地方自治，但這種自治却不再是用以對抗現時已成爲贅物的國家政權的東西了。只有某一個俾斯麥，除了玩弄崇尚鐵血的陰謀勾當之外，時常幹着最適合於他們智力的舊業，即給當頭棒雜誌（柏林的笨拙雜誌）[1] 撰稿，才會異想天開，以爲巴黎公社實際上是要倣傚普魯士城市制度——對於一七九一年法國城市制度的諷刺畫，——倣傚這種竟把城市自治機關貶爲普魯士國家警察機器附屬輪子的城市制度。

公社實現了一切資產階級革命關於廉價政府的口號，因爲它消除了兩項最大的開支：常備軍和官吏。公社存在的本身就是對於那至少在歐洲是階級統治的通常累贅和必要僞裝的君主制度的否定。公社給共和國奠定了眞正民主機構的基礎。但是，無論是廉價政府或『眞正共和國』，都不是它的終極目的，而不過是伴隨着它的一些現象罷了。

〃公社所引起的解釋之紛繁，以及它所表現的利益之紛繁，都證明公社是一個極靈活的政治形式，而一切舊有的政府形式在本質上都是壓迫性的。公社的眞正秘密，就在於它實質上是工人階級的政府，是生產者階級對佔有者階級進行鬥爭的結果，是終究發現了的可以使勞動在經濟上獲得解放的政治形式。〃

若沒有最後這個條件，公社制度就會沒有實現的可能，而且是一個騙局了。生產者們的政治統治决不能與他們的社會奴隸地位的永固狀態同時並存。因此，公社不免要成爲推翻階級存在本身所賴以維持，從而階級統治所賴以維持的那些經濟基礎的工具。勞動一被

---

[1] 當頭棒(«Kladderadatsch») 是德國的諷刺雜誌，從一八四八年起在柏林出版；笨拙(«Punch»)是英國的諷刺雜誌，一八四一年起在倫敦出版。——編者註。

解放，大家都會變成工人，於是生產勞動就不再是某一個階級的屬性了。

說也奇怪：雖然在最近六十年來，關於工人解放會經寫過和講過不少的話語，可是只要工人們在什麽地方斷然實行當家作主的時候，那些替兩極卽資本與僱傭奴隸勞動（土地私有者現在只是資本家的馴順夥伴）對立的現代社會辯護的人，立刻就彈起辯解的調子來反對他們了。彷彿資本主義社會還是處在童貞和白璧無瑕的狀態哩！彷彿它內部相對立的東西還沒有充分發展，彷彿它那種自欺欺人的妄想還沒有被揭穿，彷彿它那淫亂的實况還沒有盡行暴露哩！他們說，公社要想消滅構成全部文明基礎的所有權！是的，諸位先生，公社曾想要消滅那種將多數人的勞動變爲少數人的財富的階級所有權。它曾想要把剝奪者加以剝奪。它曾想要把個人所有權變爲現實，方法是把現在主要用作爲奴役和剝削勞動的工具的生產資料、土地與資本變成自由集體勞動的工具。但這是共產主義，『不可能的』共產主義啊！然而，統治階級中那些頗爲聰明而能領悟到現存制度不能長存下去的人們，——這種人並不少——已在令人討厭和大聲叫喊地鼓吹起合作制的生產來了。如果合作制的生產不應當是一句空話或一種騙局，如果它應當排除資本主義制度，如果由合作集體按照總的計劃來組織全國生產，由合作集體來控制全國生產，從而制止資本主義生產下不可避免的經常無政府狀態和週期痙攣現象，——那末，請問諸位先生，這不會是共產主義，『可能的』共產主義嗎？

工人階級並沒有期望公社作出奇蹟。它並沒有想靠民衆的決定來實現現成的和完滿的烏托邦。它知道，爲要謀得自己的解放，爲要達到現代社會由於本身經濟發展而不可遏止地趨向着的更高形式，它必須經過頑強的鬥爭，必須經過一系列將把環境和人都完全改變的歷史過程。工人階級不是要去實現什麽理想，而只是要去解放那些已在舊的崩潰着的資產階級社會裏發展了的新社會因素。

工人階級充分認識到自己的歷史使命，滿懷着完成這種使命的英勇決心，所以它能用鄙視的微笑去回答奴才記者們的庸俗的謾駡，去回答好心空論主義資產者們的博學的誥誡，這班資產者居然用傳告神諭者萬無一失的口吻宣講着他們虛假的濫調，貢獻着他們不辭勞苦編成的單方。

當巴黎公社担起了革命領導責任的時候，當普通工人第一次敢於侵犯到自己『天然尊長』——有產階級——的特權，即管理特權的時候，他們是在空前艱難的條件下着手工作，並且虛心、誠懇而卓有成效地執行了這個工作；他們所得報酬的最高額，據科學界一位權威[1]說，沒有超過倫敦國民教育局祕書所得薪額的五分之一。舊世界看見象徵勞動共和國的紅旗在市政廳上空飄揚，簡直氣得發瘋了。

然而這終究是工人階級被公認爲尙能表現社會創始作用的唯一階級的第一次革命；這是甚至巴黎中等階級廣大階層——小販、手工業者和商人，除了那些富有的資本家外，都一致承認的。公社很賢明地解決了一向是中等階級內部紛爭起因的債權和債務問題，因而救全了這一階級[2]。中等階級中這一部分人在一八四八年曾參加鎭壓六月工人起義，可是隨後立憲議會立刻就毫不客氣地把他們交給債主們去任意宰制了。可是，他們現在靠攏工人，還不祇是因爲這個緣故。他們還感覺到他們必得在公社和帝國之間決定取捨，不管他們打的是什麽招牌。帝國盜竊社會財富，庇護交易所投機事業，人工地加速資本集中並以此引起一大部分中等階級遭受剝奪，因而把這一部分中等階級在經濟上弄到了破產。帝國在政治上壓迫了他們，以狂歡縱飲在道義上激怒了他們；由於它把教育他們子弟的事情交給『不學無術的天主教士』去作，所以它侮辱了他們的

[1] 即赫胥黎教授。（這是一八七一年德文版上加的附註）。

[2] 四月十八日，公社頒佈了把債務交付期限延遲三年的法令。——編者註。

福祿特爾思想；它激怒了他們的法蘭西民族感，因爲它把他們驟然推入了這次因造成許多災難而結果祇是招致帝國顚覆的戰爭。眞的，在那班波拿巴派高官顯宦和資本家的狐羣狗黨從巴黎逃跑之後，以共和主義者聯盟名義出面的中等階級眞正秩序黨，就站到了公社旗幟下面，並且保衞公社反對了梯也爾的誣衊。至於這些廣大中等階級分子的感激心情能否經得住目前的嚴重考驗，這是將來就會分明的。

公社有充分的權利對農民說，『它的勝利是使他們得救的唯一希望！』從凡爾賽發出而由歐洲報界方面那班著名強盜們傳遍全世界的最無恥的謊言，就是硬說『地主議員』是法國農民的代表。試想一想，法國農民對於他們在一八一五年後不得不付以十億賠償金的人們突然發生這種愛戴心情，該是多麼近乎情理呵！在法國農民的心目中，有大土地私有者存在這一事實本身，就已是對於他們一七八九年勝利果實的侵犯。一八四八年，資產者們對農民的土地徵收了每法郞加四十五生丁的附加稅，但這是以革命的名義做的；現在他們却挑起了反對革命的國內戰爭，藉以把他們約定要付給普魯士人的五十億賠款的主要重負轉移到農民肩上。反之，公社在自己最初發表的一個宣言中就已聲明說，戰爭的重負應當由眞正的戰爭罪人去担當。公社一定會使農民免除『血稅』，一定會給他們以廉價政府，一定會用他們自己選舉出來並對他們負責的僱傭的公社官吏去代替現今吮吸着他們血液的公證人、律師、法警和其他法庭吸血鬼。它一定會使他們免除鄉警、憲兵和地方行政官專橫的壓迫；它一定會用啓發他們智慧的學校敎師去代替痲痹他們頭腦的牧師。而法國農民首先是很會打算盤的。他們會發覺，給牧師的欵項如果不是由稅吏們所徵收的捐稅中支付，而是由各敎區內居民依其信神程度自願捐輸，那是完全合理的。這就是公社的統治——也唯有這種統治——所能直接帶給法國農民的重大益處。所以這裏用不着講那些只有公社才能夠解决，並且必須爲農民利益去解決的更複雜和眞正切實的問題——如關於像夢魔一樣重壓在農民小塊土地上的典當債務問題，關於日益增長着的鄉村無產階級問題，關於農民本身因有新式農業的發展和資本主義耕作業的競爭而日益加速受到剝奪問題。

路易·波拿巴是被法國農民選爲共和國總統的，然而第二帝國是由秩序黨創立的。在一八四九年和一八五○年，法國農民拿自己的自治局長去和政府的地方行政官對立，拿自己的學校教師去和政府的牧師對立，拿自己本身去和政府的憲兵對立，這樣他們就已經開始表示出他們實際需要的是什麽了。秩序黨在一八五○年一月和二月內所頒佈的一切法律，據它自己承認，都是要反對農民。農民曾是波拿巴主義者，因爲他們以爲大革命及其帶給農民的利益是和拿破崙的名字分不開的。這種自欺思想，在第二帝國時代很快就煙消雲散了。這種過去時代的成見（它實質上是和『地主議員』相敵對的），怎麽能夠抵得住公社對於農民切身利益和迫切需要的照顧呢？

『地主議員』很淸楚地知道（並且也最害怕這點），如果公社社員的巴黎能同外省自由交往，那末經過三個來月就會爆發全體農民起義。正因爲這個原故，所以他們才如此懦怯地急於對巴黎實行警察封鎖，以便阻止這種傳染病的散佈。

這樣，既然公社是法國社會中一切健全成分的眞正代表，亦即眞正民族的政府，那末，由於它同時又是工人的政府，爭取勞動解放的勇敢戰士，它就是十足國際性的。當普魯士軍隊把法國兩省土地歸併給德國的時候，公社把全世界的工人都歸併到法國方面來了。

第二帝國是普天下詐騙勾當的節日。世界各國的壞蛋都響應了它的號召，趕來參加它的狂歡大宴和掠奪法國人民的勾當。甚至在目前，梯也爾也還是以瓦拉希亞地方的騙子蓋尼思科爲右手，而以俄國的偵探馬爾科夫斯基爲左手。公社則使一切外國人都有機會享到爲了不死事業而光榮死去的榮幸。資產階級在由於它叛變而招致失敗的對外戰爭和由於它同外國侵略者陰謀勾結而激起的國內戰爭之間這段時間內，乘機利用在法國全境進行警察殘害德意志人的辦法表明了自己的愛國精神。公社則委任了一個德意志工人做自己勞動部長。梯也爾、資產階級、第二帝國，都經常一貫地欺騙了波蘭人，口頭上冠冕堂皇地對他們表示同情，實際上把他們出賣給俄國，一味幹着俄國的骯髒勾當。公社則對波蘭的英勇子弟表示尊敬，任命他們担任領導巴黎捍衛者的職務。為了更鮮明地標明由公社自覺地開闢的歷史新紀元，公社在一方面有普魯士勝利者當前，而另一方面有波拿巴的將軍所部波拿巴的軍隊當前的情況下，推倒了象徵戰爭光榮的龐然巨物——樊多姆廣場上的圓柱。

公社的偉大社會措施，就是它本身的存在和工作。它所採取的個別措施，只能表明通過人民本身實現的人民管理制的發展方向。屬於這類措施之列的有：禁止麵包工人夜工；用違者嚴懲的手段禁止利用各種藉口科收工人罰金減低工資——這是僱主們通常採用的方法，他們身兼立法、司法與行政權，把罰金納入私囊。另一個這類的措施就是把一切企業主逃跑或停業的工廠和作坊轉交給工人協作社，同時保證各企業主有權獲得報酬。

公社所採取的那些很審愼溫和的財政措施，只能適合於城市被圍的情況。在巴黎受奧斯曼[1]管理時期，各金融公司和一班建築包工們不知盜竊了巴黎多少財物，所以公社沒收他們財產的理由，要比較路易·波拿巴沒收奧爾良皇室財產的理由多得多。霍亨索倫皇室和英國貴族們，雖然他們的財富大部分都是從掠奪教會得來的，當然還是對從沒收教會財產上面只取得八千法郎的公社大發雷霆哩。

---

[1] 奧斯曼男爵 (Haussmann) 在第二帝國時代是塞納省的行政官，亦即巴黎市的行政官。他進行了許多改造巴黎城市的工作，以便於鎮壓工人起義。（這是弗·依·列寧主編的俄文譯本上加的附註。）

凡爾賽政府在它的元氣稍微恢復了的時候，便開始採取最殘暴的辦法來反對公社；它在法國到處壓制了一切言論自由，甚至禁止了大城市代表會議，它在凡爾賽本地以及法國全國各處都設置了偵探，並且規模比在第二帝國時代更要廣泛；它的暴戾的憲兵焚毁一切在巴黎出版的報紙，拆閱一切寄自巴黎和寄往巴黎的信件；在國民議會中，只要有誰稍想說一句袒護巴黎的話，就立刻用瘋狂的斥叱聲把他壓倒下去，這種情形甚至在一八一六年的『無雙議院』裏也未曾有過。凡爾賽人不祇是對巴黎進行了慘無人道的戰爭，而且還在巴黎內部竭力用收買和陰謀手段進行活動。在這種情形之下，公社若不願可恥地叛變自己所負的使命，怎能像在極太平時期那樣遵守自由主義的套式呢？如果公社政府是和梯也爾政府精神一致的話，那末巴黎方面就會沒有什麽理由禁止秩序黨的報紙，而凡爾賽方面就會沒有什麽理由禁止公社的報紙了。

『地主議院』中的議員們宣稱法國得救的唯一辦法是回到教會懷裏去，而不信教的公社却揭露了畢克普斯女修道院和聖拉倫特教堂的秘密，無怪這班議員們要惱羞成怒了。梯也爾因波拿巴派的將軍們慣於打敗仗、簽降書以及在威爾格姆斯凱捲香烟而給他們濫發光榮隊十字勳章，公社却在自己的將軍們稍有失職嫌疑時就予以撤職和逮捕，這對於梯也爾說來，難道不是一種尖刻的譏刺嗎？公社把一個曾在里昂因破產被監禁過六天，後來用假名混進公社的委員予以撤職和逮捕，這對於當時仍在担任法國外交總長，向俾斯麥出賣法國並向絕妙比利時政府發號施令的那個僞造證件的法佛勒說來，難道不是一個響亮的耳光嗎？但是公社並不像一切舊政府那樣，自以爲萬無一失。公社公佈了自己一切會議的報告，宣佈了自己的一切行動；它將自己的一切缺點都告訴了民衆。

在任何一次革命中，除了眞正代表革命的人物之外，總還有另外一種人出現。這種人當中有些是以前各次革命的參加者和篤信者，他們不瞭解當前運動的意義，但他們由於具有人人皆知的忠誠精神和懷有英勇氣概或只是由於傳統關係，還保留有對人民的影響；另外有些人則是些簡單的空喊家，他們年年重複自己反對現存政府的刻板式的告白，因而博得第一流革命者的稱號。在三月十八日之後也出現了一些這樣的人，他們有時也扮演過非常顯要的角色。他們竭力阻礙了工人階級的眞正運動，正好像過去這種人曾經阻礙過以前各次革命充分發展一樣。他們是一種不可避免的禍害；要擺脫他們是需要有一段時間的，而公社恰恰就沒有過這樣的時間。

公社簡直是奇蹟般地改變了巴黎的面貌！第二帝國那個荒淫無度的巴黎已消失得無影無踪了。法國的京城，不再是不列顛的大土地所有者、愛爾蘭的不在場者[1]、美利堅的前奴隸主和暴發戶、俄羅斯的前農奴主和瓦拉希亞的封建貴族集合的場所。在陳屍場內連一具屍首也沒有了；夜間搶刼情事沒有了，偷竊現象也已幾乎絕跡了。自從一八四八年二月以來，巴黎的街道上初次變得平安無事，雖然街上連一個警察也沒有。有一個公社委員說，『我們再也聽不到什麼殺人事件、搶刼情事和襲擊個人的現象；看來似乎警察已把他們所有的保守朋友們都隨身帶到凡爾賽去了』。蕩婦也跟着自己的庇護者們，跟着這些保衛家庭、保衛宗教和主要是保衛財產的人物一起逃光了。她們的位置又由眞正的巴黎婦女所替代，這些婦女和典型古代婦女一樣英勇，一樣高尙，一樣忠實。努力勞動，用心思索，艱苦奮鬥，流血犧牲而又精神奮發地意識到自己所負歷史創造使命的巴黎，幾乎忘記了站在它城牆外面的食人生番，一心滿腔熱忱地致力於新社會的建設！

與巴黎這個新世界面對面相峙的是凡爾賽的舊世界——麕集在那裏的有一切陳腐制度的殘渣，卽渴望撕食人民屍體的那些合法王朝黨人和奧爾良黨人，以及甘做尾巴的陳腐共和黨人，他們以自己

---

[1] 不在場者（原文爲 absentees）在這裏是指從未到自己地產上去過的大土地所有者而言。——編者註。

的出席參加在國民議會裏支持了奴隸主的暴動。　他們希望，憑靠着那個充當政府首腦的老丑的虛榮心，他們將能把自己的國會制共和國保持下去；他們在熱得波姆[1] 召開幽靈會議，這樣來表演模仿一七八九年故事的滑稽劇。這個代表法國一切腐朽東西的集會，只是憑靠着路易·波拿巴的將軍們的寶劍，才能繼續過着幽靈般的生活。巴黎全是眞理；凡爾賽全是謊言，而鼓吹這種謊言的就是梯也爾。

梯也爾曾對塞納和瓦茲省的自治局長代表團說過如下的一席話:『你們可以信賴我的話；我從來也沒有食過言。』他曾向議會說，『這是法國向來所有一切議會中最富於自由精神和最自由選舉出來的一個議會』；他向自己的雜色軍隊說，這是『世界上的寶物，是法國向來所有一切軍隊中最優秀的軍隊』；他對各外省地區說，由他下令轟擊巴黎是無稽之談：『如果確實落了幾顆砲彈的話，那末這幾顆砲彈也不是凡爾賽軍隊放的，而是起義軍放的，因爲他們想要藉此表示他們是在作戰，雖然事實上他們是連頭也不敢露出來。』後來他又向各外省地區宣告說：『凡爾賽的砲隊並不轟擊巴黎，而只是用大砲向它射擊。』他向巴黎主教說：有人責備凡爾賽人採取槍斃和高壓手段(！)，但這全是謊言。他向巴黎聲明說，他『只是想把它從壓迫它的可惡暴君手裏解放出來』，公社的巴黎『不過是一羣罪犯罷了』。

梯也爾的巴黎並不是『庶民』們的眞正巴黎，而是幽靈的巴黎，投降分子的巴黎，閒逛男女的巴黎，富人的、資本家的、鍍金的、遊手好閒者的巴黎；這個巴黎帶着自己的奴僕、騙子、文丐、蕩婦擠滿了凡爾賽、聖地尼、呂哀和聖茄曼，這個巴黎認爲國內戰爭不過是一齣有趣的雜戲，這個巴黎帶着望遠鏡欣賞戰鬥，計算放砲的次

---

[1] 球類運動大廳，國民議會於一七八九年在這裏通過了著名的決議。（這是一八七一年德文版上加的附註。）

數，憑着自已的以及自己娼婦的貞操賭咒發誓說，這裏演的戲要比聖馬丁門近旁戲院中的好得多。被打死者眞的被打死了，傷者的呼聲也不是假裝的，而且在他們面前演着的這場戲是具有世界歷史意義的。

梯也爾的巴黎就是這樣，正好像科不倫茨城的亡命之徒是卡龍先生的法國一樣。

（四）

奴隸主陰謀藉普魯士軍隊佔領巴黎來把巴黎征服的第一次企圖，只是因爲俾斯麥拒絕才沒有成功。三月十八日實行的第二次企圖，結果竟是軍隊失敗和政府逃到凡爾賽去，接着全部行政機關也隨之而去。梯也爾假裝同巴黎進行和談，藉以爭取時間來準備和它作戰。但是到哪裏去搜羅軍隊呢？正規團隊的殘部人數很少，而且士氣也不大可靠。梯也爾向外省各處發出緊急呼籲，堅决要求趕快派國民衛軍和志願軍前往援助，但他所得到的答覆却是公開拒絕。只有布勒塔尼省派去了一小羣反動匪徒，他們作戰時胸前縫着用白布作成的基督聖主心臟，打着白布旗幟；他們的戰鬥口號是『國王萬歲！』。這樣，梯也爾就只能匆忙糾合起一羣雜色隊伍，其中包括有水手、陸戰步兵、教皇黑兵、瓦朗騰手下的憲兵以及皮也特里手下的警察和偵探。假使不是有波拿巴舊部被俘兵員逐漸到達，那末這支軍隊更將渺小得不值一笑，而俾斯麥放回這種被俘兵員的數量標準，一方面是要保證內戰的進行，另一方面要保證自己能把凡爾賽控制在俯首聽受普魯士支配的地位。在這次戰爭中，凡爾賽的警察必須監視凡爾賽的軍隊，而憲兵則必須經常站在最危險的崗位上，以便帶引軍隊前進。陷落的砲台不是奪得的，而是買通的。公社社員的英勇精神向梯也爾表明出，要擊破巴黎的抵抗，無論是他的戰略才幹或受他指揮的軍隊數量，都不足以勝任。

同時，他和外省各處的關係一天一天變得更加緊張了。凡爾賽那裏沒有接到過一封可以稍微振奮梯也爾和他那些『地主議員』精神的同情文書。相反，從各方面來到的代表團和呼籲書，都是用遠非尊敬的口吻要求去同巴黎和解，而達成這種和解的基礎就是明白承認共和國，確認公社所實行的各種自由，解散任期已經終結的國民議會。代表團和呼籲書越來越多，致使梯也爾的司法總長杜福爾在四月二十三日訓令上飭令國家檢查官要把『呼籲和解』當作罪行查辦！ 梯也爾看到進攻巴黎沒有希望，於是決定改變策略，指定在四月三十日按照他強迫國民議會通過的新法律在全國各地進行自治局選舉。他時而利用他那些行政長官所玩弄的陰謀手段，時而利用他那些警察機關所發出的威脅恫嚇，滿以爲各省進行的選舉定會保證國民議會獲得它始終沒有過的那種道義力量，以爲他定會從外省方面取得物質力量去征服巴黎。

當梯也爾發動他那在他自己的公報上受到讚揚的反對巴黎的強盜式戰爭，而他的總長們企圖在全法國建立恐怖統治的時候，他從最初起就竭力用一齣假裝主張和解的小滑稽劇來陪襯一下。這齣滑稽劇必須達到幾個目的：蒙蔽外省視聽，把巴黎中等階級成分吸引到梯也爾方面來，並且主要是使國民議會中的冒牌共和黨人們能藉他們對梯也爾的信任來掩蓋他們叛賣巴黎的行爲。三月二十一日，即在梯也爾還沒有軍隊的時候，他曾向國民議會聲明說：『無論如何，我決不派軍隊到巴黎去。』三月二十七日，他又聲明說：『當我就職的時候，共和國已是既成的事實，所以我斷然決定要保護它。』實際上，他用共和國的名義鎮壓了里昂和馬賽城內的革命[1]，而他的『地主議員』們在凡爾賽那裏又是一聽到『共和國』這個名詞就狂吠起來。作過這番勳業之後，他就把『既成的事實』降低成假定的事實。奧爾良王室的子弟們原是他爲愼重起見從波爾多送走了的，現在他們已在公開違犯法律，在德略陰謀活動起來了。梯也爾在他

[1] 在一八七一年三月十八日之後的幾天中，在里昂和馬賽發生了旨在宣佈成立公社的革命運動。這個運動被梯也爾政府鎭壓下去了。——編者註。

同巴黎議員以及外省議員再次三番的會談中講到的那些條件，——儘管他的聲明隨着時間與情況而發生變化，在口氣和涵義上多麼相互矛盾，——總是歸結於必須向『那一小撮應對克萊孟•湯姆和萊康特兩人被殺案負責的罪犯』報復。當然，這裏有一點應該不言而喻，這就是巴黎和法國認爲梯也爾本人是最好的共和國，正像梯也爾本人在三十年代曾經認爲路易—菲力普是最好的共和國一樣。然而，就連這些讓步，他也極力用他的總長們在國民議會中提供給他的那些官方解釋弄得很成問題了。但是，他還不以此爲滿足，他更通過杜福爾去行動。杜福爾這個老頑固的奧爾良派律師一向就在戒嚴狀態下表演最高司法官角色；這時，在一八七一年梯也爾治下是如此；先前，在一八三九年路易—菲力普治下和在一八四九年路易•波拿巴任總統時，也都是如此。當他不任總長職務時，他曾爲巴黎資本家辯護，藉以撈取財富；同時他又攻擊了他自己所頒佈的法律，藉以撈取政治資本。雖然他已通過國民議會匆忙頒行了許多高壓性的法律，一待巴黎覆亡時就可以用來消滅法國共和制自由的最後殘餘，但他還不以此爲滿足，並且彷彿是預示着巴黎未來的命運而採取了如下的措施：他覺得軍事法庭的審判手續太嫌冗長——於是他就把這種手續縮短而新頒佈了一道極殘忍的流放法。一八四八年的革命取消了對於政治犯的死刑而代之以流刑。路易•波拿巴沒有敢於恢復，至少是沒有敢於公開恢復斷頭刑。『地主議院』當時還連暗示也不敢暗示說巴黎人在它眼中不是叛亂者，而是強盜，所以它暫且只得把向巴黎報復的準備工作局限於杜福爾的新流放法。在這種情況下，梯也爾不能長久繼續表演他那種提倡和解的滑稽劇，況且他那種滑稽劇還引起了——其實他正是希望如此——『地主議員』瘋狂的憤怒，這些『地主議員』由於頭腦愚鈍，既不能瞭解他所玩弄的把戲，又不能瞭解他那種虛僞、做作和延宕的必要。

梯也爾鑒於四月三十日的自治局選舉在即，便於四月二十七日演出了一幕和解劇。在他從國民議會講壇上滔滔不絕地說出的許多感傷話語中有如下一段話：『反對共和國的陰謀只有一個，這就是巴黎的陰謀，這個陰謀迫使我們去流法國人的血。但是我現在再三重複說：讓那些舉起瀆神武器的人放下他們的武器吧，那我們就會放下懲罰的劍來締結和約，只除了一小撮罪犯之外。』在回答那些打斷他的話的『地主議員』們所發出的狂怒喊聲時，他說：『諸位先生，我懇求你們告訴我，難道我說的不對嗎？難道你們聽見我秉公地說明罪犯不過是一小撮人，眞的覺得可惜嗎？忍心殺害萊康特與克萊孟・湯姆兩將軍的人只是稀罕的例外，這難道不是我們不幸中之一幸嗎？』

然而，法國對於妄想用國會妖婦的歌唱迷惑公衆的梯也爾的言辭，始終是置若罔聞的。在仍留歸法國的三萬五千個公社中選出的七十萬個自治局議員中，合法王朝黨人、奧爾良黨人和波拿巴黨人當選者總共還不到八千人。補充選舉和複選結果更加不利於梯也爾政府。國民議會不但沒有從外省方面得到它所必需的物質援助，而且連最後一點起道義力量作用的權利，即認爲自己是全國普遍意志表達者的權利，也完全喪失了。而使它澈底失敗的，是所有法國城市選出的自治局議員們決定要在波爾多召集一個反議會，這樣就公開地威脅了篡奪政權的凡爾賽議會。

在俾斯麥看來，期待已久的斷然實行干涉時刻已經到來了。他用主宰的口吻，飭令梯也爾立刻派全權代表到法蘭克福去最後簽訂和約。梯也爾卑躬屈節和唯命是聽地遵從自己的主子和老爺的吩咐，急忙派了自己的親信法佛勒偕同普野―克爾梯挨到法蘭克福去。普野―克爾梯挨是『著名的』盧昂棉織企業家，是第二帝國熱烈的甚至曲意奉迎的擁護者，他認爲第二帝國除了跟英國訂過損傷他這個企業家利益的商約之外，是無可疵議的。當梯也爾還在波爾多剛一任命他當財政總長的時候，他馬上就開始攻擊這個『邪惡』的條約，暗示說這個條約很快就會廢除，甚至公然要求——雖然毫無成就（因爲沒有請示俾斯麥）——重新施行反對亞爾薩斯的舊有保護稅制，而這點據他說是與任何舊有國際條約都不相抵觸的。這人把反革

33—1966

命看作是在盧昂減低工資的手段，把法國各省的讓步看作是在法國爲他的貨物抬高價格的工具。難道這人不是被預定好讓梯也爾把他挑選爲法佛勒的助手去作最後完成他那全部事業的賣國勾當的嗎？

當這一對絕妙的全權代表到達了法蘭克福的時候，俾斯麥就照常用武夫口吻命令道：『或者是恢復帝國，或者是無條件地接受我的和平條件！』而他的條件就是要縮短軍事賠款償付期限，並且巴黎各砲台應由普魯士軍隊佔領，直到將來俾斯麥有根據認爲法國情況能令人滿意的時候止。這樣一來，普魯士就被承認爲法國內政的最高裁判官了。同時，俾斯麥欣然應允釋放被俘的波拿巴軍隊去消滅巴黎，並且在必要時調派威廉皇帝的軍隊去增援他們。爲了保證他決不食言起見，他將第一批賠款的支付期展延到巴黎『平服』之後。梯也爾和他的全權代表們，當然貪饞地急忙吞下了這種釣餌。五月十日，他們簽訂了條約；五月二十一日，這個條約就由於他們的努力經國民議會批准了。

從締結和約時起到被俘的波拿巴軍隊放回時止的這段期間，梯也爾覺得比以往更需要繼續表演他的和解滑稽劇。這尤其是因爲他的共和黨走卒們極需要有一個適當的藉口，以便裝做看不見對於巴黎進行血腥屠殺的準備工作。早在五月八日，他已在回答那個來勸他和解的中等階級代表團時說過：『只要起義者同意投降，那末巴黎的城門就可以向一切人——除那些殺害了萊康特和克萊孟·湯姆兩將軍的兇手以外——洞開一個星期。』

幾天之後，當那些『地主議員』要求他對這個諾言予以解釋的時候，他迴避正面答覆，但意味深長地暗示說：『我對你們說，你們當中有些沒有耐心的人，他們未免太性急了。請他們再忍耐一個星期吧；一個星期完結時就再不會有什麽危險了，那時任務就會和他們的決心和能力相稱了。』而當麥克—馬洪已向梯也爾保證說他很快就會打進巴黎時，梯也爾就向國民議會聲明，說他『將手持**法律**走進巴黎，迫使那些灑流了兵士鮮血和破毀了公共紀念物的混蛋們對自己的罪行付出充分的代價』。當决定的時刻已經到來的時候，他對國民議會聲明說他『决不會留情』；他向巴黎聲明說對於巴黎的判詞已經宣出，而對自己那些波拿巴強盜們則聲明說政府允許他們任意去向巴黎報仇。最後，當叛徒已於五月二十一日給杜哀將軍打開了巴黎城門時，梯也爾就於五月二十二日向自己那些『地主議員』揭開了他們先前硬不願瞭解的他那和解滑稽劇的『目的』:『幾天以前我對你們說過，我們正在接近我們的目的；今天我來告訴你們吧，這個目的已經達到了。秩序、正義和文明，終於獲得勝利了！』

是的，這的確是個勝利。每當奴隸和被壓迫者起來反對主子的時候，資產階級制度的文明體制和正義原則就顯示出自己眞正的兇殘面目。那時，這種文明體制和這種正義原則就是毫無掩飾的野蠻體制和橫蠻報復。財富生產者反對財富佔有者的階級鬥爭中的每一次新的危機，都愈益明顯地表示出這件事實。和一八七一年的空前可惡的罪行比較起來，甚至資產階級一八四八年六月的暴行也要相形見拙。巴黎全體人民——男人、婦女和兒童——在凡爾賽人攻入城內以後還戰鬥了整個星期的那種英勇自我犧牲精神，反映出他們事業的偉大，正像兵狗們的殘暴獸行反映出僱傭他們作爲保護者和報復者的文明體制所有全部面目一樣。這種弄到了不知把大批已是在戰事結束後被殺屍首怎樣處置才好的困難地位的文明體制，眞是漂亮得很呵！

如果要想找到多少是與梯也爾和他那些嗜血豺狗的行爲相像的東西，那就必須回到蘇拉和兩屆羅馬三執政的時代去。也是無動於衷地大批打人；也是劊子手不分男女老幼地籠統殺人；也是那樣拷打俘虜；也是那樣殘酷迫害，不過這一次是迫害整個階級；也是那樣野蠻地追究隱藏了的領袖，使他們無一倖免；也是那樣紛紛告發政治仇敵和私人仇敵；也是那樣任意打殺根本和鬥爭不相干的人們。不同處只在於羅馬人沒有速射砲來整批整批地槍殺俘虜，他們沒有『手持法律』，沒有口喊『文明』罷了。

33*

看了這一切慘象之後，現在請來看一看這個資產階級文明體制由它自己的報刊所描寫出來的另一方面，更加醜惡的一面吧。

有一家倫敦保守黨報紙駐巴黎記者寫道：『遠處還響着槍聲；受傷的人躺在俾爾拉希斯墓地的墓石間，聽天由命地死去；臨死前絕望掙扎的六千個起義者，在迷宮似的地道中徘徊躑躅；街上到處追逐着不幸者人羣，用速射砲擊斃他們。在這個時候令人看了氣憤的是咖啡館裏充滿了愛好飲酒、打彈子、玩骨牌的人，蕩婦們在林蔭道上無恥地逛來逛去，而狂歡宴會的宏亮叫聲則從大飯店的特別間中傳出來，打破深夜的沉寂！』愛爾維先生在曾被公社封禁的一家凡爾賽報紙巴黎導報上寫道：『巴黎居民(！)昨晚表現他們歡樂的方式，實在是太輕佻了，我們恐怕還要每況愈下。巴黎籠罩着節日的氣氛，而這是完全不合適的；若是我們不願得到『頽廢時代』的巴黎人的稱號，就必須制止這種情形。』接着，他引用了塔齊特的一段話：『於是在這場可怕鬥爭的第二天早晨，甚至在鬥爭還沒有完全結束以前，下賤和放蕩的羅馬又滚到毀壞過它的身體和沾污過它的心靈的那種淫亂泥坑裏去了——alibi proelia et vulnera, alibi balnea popinaeque』[1]。不過愛爾維先生忘記了一點：他所說的『巴黎居民』只是梯也爾的巴黎中的居民，即從凡爾賽、聖地尼、呂哀與聖茄曼大批奔回的那些投降分子們的巴黎中的居民；這眞是『頽廢時代』的巴黎。

這個建立在勞動奴役制上的罪惡的文明體制，在每次血腥的勝利時，都發出在世界各處受到響應的讒謗和誣衊的狂吠，藉以淹沒他們的犧牲品即爲爭取優美新社會而忘我奮鬥者的喊聲。工人們的平靜的巴黎，公社的巴黎，一落到這班守衛『秩序』的嗜血惡狗爪牙下時，就突然變成一個地獄了。這場駭人聽聞的變化，在世界各國資產階級意識中是表示什麼呢？不過是表示公社舉行了一次陰

[1] 意卽『這裏是戰鬥和創傷，那裏是澡堂和筵席』。——編者註。

謀反對文明體制的叛亂罷了！巴黎人民滿腔熱血去爲公社犧牲：自古以來沒有一次戰鬥打死了這麼多的人。這是表示什麼呢?不過是表示這個公社不是人民政府，而是一小羣罪犯用暴力奪取政權罷了！巴黎的婦女在街壘裏和刑場上都是視死如歸。這是表示什麼呢?不過是表示公社的邪惡鬼魂把她們變成麥格拉仇神和赫加特妖婦罷了！公社在它佔完全統治的兩個月內始終採取的仁柔態度，只能與它進行保衛的英勇果敢精神相比擬。這是表示什麼呢？不過是表示公社在兩個月內用仁柔態度和人道精神做假面具來遮蓋了自己的惡魔嗜血慾望，好讓這種嗜血慾望能在臨死掙扎時自由發洩罷了！

工人的巴黎在進行英勇自我犧牲的鬥爭時，也曾把若干房屋和紀念碑付之一炬。既然無產階級的奴役者們要把無產階級的肢體撕成碎片，那他們就休想將來可以凱旋回到完好無損的住宅中去吧。凡爾賽政府喊叫所謂『放火！』，並且低聲囑咐它的遠及窮鄉僻壤的走卒們執行這樣一個口號：『把我的一切敵人都當作簡單的放火者搜殺吧』。全世界的資產階級看見在戰鬥結束後進行的大批屠殺，心裏感到非常快樂，但它却又因人們『染汚』磚瓦和粉牆而表示憤怒！

某些國家的政府正式許可自己的海軍『殺人、放火和毀滅』，——試問這是不是許可放火呢？英國軍隊毫無道理地燒燬了華盛頓城的國會大廈和中國皇帝的避暑行宮，——試問這是不是放火呢？普魯士人不是爲了軍事上的理由，而單祇是由於挾嫌報復，如在沙托頓作過的那樣用煤油澆過後燒燬了許多城市和無數鄉村，——試問這是不是放火呢？ 梯也爾在六個星期內不斷地向巴黎轟擊，並且硬說他只是想把裏面有人的那些房屋燒燬，——試問這是不是放火呢？ 在戰爭當中，火也和其他武器一樣，乃是一種正當的武器。向敵人佔據的房屋轟擊，是爲了要把這些房屋燒燬。當防守方面的人們不得不撤離這些房屋時，他們自己就把這些房屋付之一炬，使進攻方面不能利用這些房屋鞏固自己的陣地。一切妨礙正規軍行動的房屋，都是不免要被燒燬的。可是，在奴隸們反對他們那些壓迫者的戰爭中，在有史以來唯一合理的這個戰爭中，此種做法却竟被看作是罪行！　公社曾把火當作最嚴格意義上的防禦工具來利用；它利用火這個工具，只是爲了不讓凡爾賽軍隊侵入到奧斯曼特意修建得適合砲擊條件的那些又長又直的街道上去；它利用火這個工具，是爲了掩護自己的退却，也像凡爾賽軍隊在進攻時往前面投擲了手榴彈一樣，這種手榴彈破壞的房屋並不比公社用火燒燬的房屋少些哩。直到現在還不能肯定，究竟哪些房屋是由進攻者燒燬，哪些是由防守者燒燬的。況且防守者只是在凡爾賽軍隊已大批槍斃起俘虜時，才開始利用放火手段。而且，公社預先已公開宣佈過，公社一旦被人家逼到盡頭時，它就會把自身葬在巴黎廢墟中，並把巴黎變爲第二個莫斯科；先前國防政府也曾保證這樣作，但是，它這樣保證自然不過是要掩蓋自己的叛變罷了。爲了這個目的，特羅修曾經預備了大量煤油。公社知道，它的敵人對於巴黎人民的生命毫不愛惜，但對於自己在巴黎的住宅則極爲愛惜。並且梯也爾又宣佈說他將實行無情的報復。當他的軍隊已經準備就緒，而普魯士人又已經封鎖了一切出口的時候，他就高叫道：『我將是無情的！贖罪應該不打折扣，審判應該很嚴峻！』如果說巴黎工人是像凡達爾野蠻人一樣行動過，那末這是誓死防禦者的凡達爾野蠻行爲，而不是凱旋勝利者的凡達爾野蠻行爲，如那些毀滅了古代邪教世界極寶貴藝術紀念物的基督教徒確實犯過的凡達爾野蠻行爲那樣；然而甚至這種凡達爾野蠻行爲也被歷史家認爲是正當的行爲，因爲它是正在誕生的新社會對崩潰着的舊社會進行的巨大鬥爭中不可避免的和比較細微的事情。無論如何，奧斯曼爲要給滑頭騙子的巴黎騰出地盤而把歷史的巴黎毀滅的那種凡達爾野蠻行爲，總不是公社的行爲所能絲毫相比的了。

但是，公社處死了以巴黎大主教爲首的六十四個人質呵！　一八四八年六月，資產階級及其軍隊恢復了早已絕跡的槍斃無自衛能力俘虜的戰爭風俗。從此以後，這個野蠻風俗就在歐洲和印度一切鎭壓民衆起義的時候都已較爲頻繁地採用起來了，這顯然證明它眞是『文明體制中的一個進步』哩！ 另一方面，普魯士人在法國又施行了扣留人質的風俗——硬要一些完全無辜人們用自己的性命去爲別人的行動負責。由於梯也爾——這點我們已經說過了——在戰爭開始時就施行了槍斃被俘公社社員的人道主義風俗，所以公社不得不爲拯救這些被俘者的生命而採用了普魯士人扣留人質的風俗。既然凡爾賽人繼續槍斃俘虜，那他們就是自己要自己的人質受到死刑。在麥克—馬洪的普列托里安尼衞兵[1]爲表示慶祝自己進入巴黎而舉行了那場血腥屠殺之後，試問公社怎麼還可繼續饒恕那些人的性命呢？難道連這個用以抵禦資產階級政府肆無忌憚的獸行的最後自衞辦法，卽扣留人質，也應該始終只是一種玩笑嗎？殺死達爾布阿大主教的眞正兇手是梯也爾。公社曾經再三提議把大主教及其他許多牧師拿去同梯也爾牢牢扣住的布朗基一人交換。但是，梯也爾執拗地拒絕了這樣交換。他知道，放出布朗基就是給公社一個首腦，而大主教則在成了死屍時對他更有用處得多。在本場合，梯也爾仿傚了卡芬雅克。在一八四八年六月的時候，卡芬雅克和他那些『秩序人物』曾是如何憤激地高聲喊叫，責備起義者殺死了大主教阿富爾啊！ 實際上，他們很淸楚地知道，大主教是由秩序黨的兵士們殺死的。大主教的總幫辦若克麥曾目覩此事，他在事件發生後立刻就公開地向他們證明了這點。

秩序黨在自己的一切血宴之後散播的許多誹謗自己犧牲者的言論，只是證明現代的資產者自認是先前封建主們的合法繼承人，那些封建主們曾經認爲自己有權使用一切武器來反對平民，而平民則有任何武器在握都算是犯罪。

統治階級爲了在外國侵略者庇護下發動內戰鎭壓革命而進行的

[1] 這裏的普列托里安尼衞兵係指凡爾賽人軍隊而言。——編者註。

陰謀，卽我們從九月四日事件起一直考察到麥克一馬洪侍衞進入聖哥羅門止的這個陰謀，是以在巴黎進行的血腥屠殺作結。俾斯麥洋洋自得地望着巴黎的廢墟，大概認定這些廢墟是普遍毁滅各處大城市的初步，關於這種普遍毁滅，他一八四九年間單祇以一個普通地主身分充當普魯士『無雙議院』議員時就已夢想過了。他洋洋自得地欣賞着巴黎無產者的屍體。在他看來，這不但是革命的撲滅，而且也是法國的滅亡，這法國現在已經眞正被斬除了頭腦，並且是由法國政府自己斬除了這個頭腦。他和一切飛黃騰達的國家要人一樣，目光短淺，只看到了這偉大歷史事件的外表。難道在以往的歷史中有過一個戰勝方，曾敢於以替戰敗方政府充當憲兵和僱傭兇手的辦法來完成自己的勝利嗎？普魯士與公社之間沒有發生過戰爭。相反，公社接受了和約的初步條件，普魯士當卽宣佈了中立。可見，普魯士不會是一個交戰方。它幹得像一個卑鄙的僱傭兇手，因爲它所幹的事情不會使它受到絲毫危險；它是一個僱傭兇手，因爲它曾講定一旦巴黎陷落時就要付給它五億的行兇血錢。正是在這些地方表現出了上天註定要假手於極正經和信神的德國去懲罰不信神和荒淫無恥的法國的那個戰爭的眞正性質！這種甚至在舊世界的律師看來也是空前違犯國際公法的行爲，並未迫使歐洲各國『文明』政府把純係彼得堡內閣御用工具的罪惡普魯士政府宣佈爲違法罪犯，却只是激起它們去討論這樣一個問題：是不是要把僥倖逃脫出巴黎雙重包圍綫的少數戰爭犧牲品讓渡給凡爾賽劊子手呢？

在現代最悽慘的戰爭終結後，戰勝的軍隊和戰敗的軍隊聯合起來共同打擊無產階級。這個前所未聞的事件，並不是如俾斯麥所想像的那樣證明正爲自己開闢道路的新社會遭到了最後的失敗，不，它證明資產階級舊社會已經完全腐朽了。舊世界所尙能作出的至高英雄偉績不過是民族戰爭，並且這種戰爭在目前原來是政府玩弄的十足欺騙勾當；這種欺騙勾當的唯一目的原來是要推延階級鬥爭，一待階級鬥爭燃成國內戰爭烈火時，欺騙勾當就要根本垮台。階級的統治已經不能拿民族的外衣來掩蓋了；在反對無產階級時，各個民族政府是一致的。

在一八七一年的降靈節之後，法國的工人與他們勞動產品的佔有者之間，已是既不能有什麽和平，也不能有什麽休戰了。僱傭兵卒的鐵腕可能暫時把這兩個階級都壓服一下，但是它們之間的鬥爭定會重新燃燒起來，並且必然要燃燒得更旺，所以歸根到底究竟由誰獲得勝利——是由少數佔有者，還是由絕大多數勞動羣衆獲得勝利，那是毫無疑義的。法國的工人不過是整個現代無產階級的先鋒隊罷了。

歐洲各國政府在巴黎面前已表明了階級統治的國際性質，而現在他們自己却向全世界叫喊，說這一切災難的主要原因是在於國際工人協會，即在於反對全世界資本陰謀的國際勞動組織。梯也爾責備這個組織是勞動的暴君，而把自己說成是勞動的救主。皮加爾禁止法國境內的國際會員跟國外的國際會員維持任何聯系；梯也爾的一八三五年同謀者，那個已成了木乃伊的饒培爾伯爵聲稱，根絕國際是每個政府的主要任務。『地主議員』們狂叫起來反對國際，而歐洲各國報刊則一致隨聲附和。有一位與我們協會毫不相干的可敬的法國作家，對於國際這樣評論說：『國民衛軍中央委員會委員和大部分公社委員，都是國際工人協會裏最積極、最清晰和最剛毅的頭腦。這是些完全忠實的、眞誠的、聰明的、富於自我犧牲精神的、純潔的和照最好意思講的狂信的人物。』充滿警察精神的資產階級腦袋，自然要把國際工人協會看作是一種秘密陰謀團體，其中央委員會不時指定在各國舉行暴動。實則我們的協會只是個團結文明世界各國先進工人的國際協會。無論階級鬥爭在何處表現出來，無論它採取何種形式，無論它在何種條件下加強起來，——到處當然是由我們協會中的會員帶頭。產生這個協會的基地就是現代社會本身。無論灑流多少鮮血，都不能把這個協會消滅。要消滅它，各國政府首先應當消滅資本對勞動的橫暴統治，即消滅它們自身寄生性生存的基礎。

工人的巴黎及其公社將永遠作爲新社會的光輝的先驅受人敬仰。它的英烈們已永遠被銘記在工人階級的偉大心坎裏。那些殺害它的劊子手們已被歷史釘在恥辱柱上，儘管他們的牧師們怎樣禱告也不能把他們解脫。

一八七一年五月三十日，倫敦

附錄

（一）

『一隊囚犯在烏利克大街上停下來，在馬路邊的人行道上每四五個人排成一直行。侯爵加里弗將軍和他的參謀軍官下了馬，從左面起開始檢閱。將軍慢慢地走動，注視着各個行列，時而在這裏，時而在那裏停下來，拍拍某一個人的肩膀，或是點點頭叫某一個站在後排的人走出來。這樣挑選出來的人，多半是不問情由就走到街心中去，於是那裏很快就形成了另外一隊…很明顯，這裏出錯的可能性很大。一個軍官騎在馬上向加里弗將軍指出了一個男人和一個女子，彷彿他們是犯過什麼特別的罪惡。那個女子連忙從行列裏衝出來，伸出雙手跪倒在地上，用痛切的言語來申訴說她沒有犯過什麼罪。將軍停了一會，然後帶着冷酷的面孔和毫不介意的神情說道：『夫人，巴黎每個戲院我都去過，——別爲難自己，別扮演滑稽劇吧』…在這一天，凡是一個人比自己的近鄰顯然長得高些，穿得髒些或乾淨些，年長一些或是相貌醜些，都要倒霉。有一個人特別使我吃驚。顯然，他比別人較早擺脫了人世的煩惱，只因爲他長有一個破鼻子…當這樣挑選出了一百多人，並且指定了槍決執行隊的時候，那隊囚犯就開向前去，而把他們留到了後頭。過了幾分鐘之後，在我們後面響起了一陣槍聲，這槍聲繼續了約一刻鐘。這就是把那些被倉卒定罪的可憐蟲執行槍決。』（每日新聞報駐巴黎記者六月八日稿。）

這加里弗——他那個因在第二帝國御宴上無恥地賣弄色相而聲

名狼藉的妻子的『面首』——就是在戰時曾以法軍准尉皮斯脫爾知名的那個人。

時代報[1]——它是一個立論謹愼而不求聳人聽聞的報紙——登載過一則消息，記述了一些沒被完全擊斃的人們在生命未熄滅以前就被掩埋的悽慘情形。 有大批這樣的人被埋在聖熱克拉布什也爾周圍的街頭花園裏，其中有許多人埋得很淺。白天街上的嘈雜聲使人們不能發覺這種情景，但是在夜深人靜的時候，隣近房屋裏的居民常被隱約傳來的呻吟聲所驚醒，而在第二天早晨，他們看見有一隻拳頭握得緊緊的手從地裏伸出來。由於這種情形，當局下令把被掩埋的人挖掘出來…我絲毫也不懷疑，有許多受傷的人是被活埋的。我能夠證明一件事實。布魯涅爾同他的愛人一起在二十四號那天被擊斃於樊多姆廣場一座庭院之後，屍體在那裏橫陳到二十七日的傍晚。掩埋隊來收殮屍體的時候，忽發覺婦人還活着，於是把她送到了醫院裏。雖然她中了四顆槍彈，可是現在她已沒有生命危險了。』（標準晚報駐巴黎記者六月八日稿。）

（二）

在六月十三日的倫敦泰晤士報[2]上，登載有如下一封信：

泰晤士報編者收

編輯先生閣下！

一八七一年六月六日，法佛勒向歐洲各國發表了一個通告，號召它們對國際工人協會進行鬥爭——進行生死鬥爭。爲了評價這個文件，只要舉出幾件事實就夠了。

在協會規章導言中已曾指出，國際是一八六四年九月二十八日

[1] 時代報（«Temps»）——很有聲望的法國資產階級日報，一八六一年至一九四三年在巴黎出版。——編者註。

[2] 泰晤士報（«Times»）——英國很有聲望的報紙；一七八八年創刊；在十九世紀七十年代有自由主義傾向。——編者註。

在倫敦城隆艾克爾街聖馬丁堂舉行的羣衆大會上成立的。法佛勒由於他自己最清楚知道的原因，把國際成立日期推到一八六二年以前的時期去。

爲了解釋我們的原則，他就來引證『它（國際）在一八六九年三月二十五日發出的傳單』。但是他實際上引證的是什麽呢？是一個並非國際的團體所發表的傳單。當他還是一個頗爲年青的律師的時候，爲了要替被卡貝控以誹謗罪的巴黎國民報辯護，他就已施展過這種伎倆。當時他硬說他所宣讀的是卡貝著的小册子中的引文，實則他所宣讀的是由他自己加進去的一些句子。這個僞造行爲在法庭審判時已被揭發出來，假使不是卡貝寬容的話，法佛勒就要受到開除出巴黎律師公會的懲罰了。法佛勒作爲國際文件引證的所有一切文件中，沒有一種是國際的文件。例如，他說：『如一八六九年七月在倫敦建立的總委員會所說，同盟特宣佈自己是無神派的團體。』總委員會從未發表過這一類文件。相反，它發表了一個正是將同盟卽日內瓦的社會民主同盟章程——那個被法佛勒引證的章程——宣佈爲無效的文件。

法佛勒在他這個彷彿有一部分也是反對帝國的通告中，從頭到尾都只是重複着波拿巴派檢察官捏造的警察性的言論，這些言論是甚至在帝國自己的法庭前面就已被駁倒了的。

大家知道，國際總委員會在關於最近這次戰爭的兩篇（去年七月和九月發出的）宣言中，曾揭露了普魯士對法國的侵略計劃。後來，法佛勒的私人秘書雷特林格先生曾向總委員會的若干委員請求——自然是徒勞無功——用遊行示威方式來表示反對俾斯麥，以支持國防政府；同時特別請求他們不要提到共和國。由於預期法佛勒將到倫敦去，遊行示威運動的準備工作已經做成了，——無疑是本着最善良的心意，——然而是違背總委員會的意願做成的，因爲總委員會在九月九日的宣言中曾經明確地預先警告巴黎的工人要防範法佛勒和他的同僚。

如果國際總委員會也向歐洲各國政府發表一個關於法佛勒的通告，請它們特別注意到已故的米里哀爾在巴黎公佈的文件，那末這個法佛勒將說些什麼呢？

敬頌

撰安！

國際工人協會總委員會書記

約翰•赫爾茲謹啓

一八七一年六月十二日，倫敦

在一篇關於『國際協會及其目的』的論文中，倫敦觀察者雜誌（六月二十四日）充當着虔誠告密者角色，引證了——除了其他類似的玩意之外——同盟那個上述文件作爲國際發表的文件，並且引證得也許要比法佛勒幹的更加澈底哩。它刊載這篇論文是在上述那封闢謠信已發表於泰晤士報上十一天以後。我們對此並不感到驚奇。腓特烈大帝早就已說過：耶穌會員最壞的便是新教徒。

一八七一年四月至五月由卡•馬克思寫成，一八七一年五月三十日在國際工人協會總委員會會議上批准。第一次於一八七一年在倫敦印成單行小册子發表。同時就用德文和法文發表。由弗•恩格斯校訂並附有所作導言的德文本是於一八九一年在柏林出版。

按照一八七一年英文單行本並依一八九一年德文版本校對過的本文刊印。原本係英文。